新名隆志・林 大悟 編
NIINA Takashi, HAYASHI Daigo

エシックス・センス

倫理学の目を開け

ナカニシヤ出版

まえがき

本書のタイトル『エシックス・センス』は、お祭しの通り（？）「ethics（倫理学）のセンス」と「sixth sense（第六感）」をかけている。記憶がたしかならば、本書執筆者の一人である寺田氏が最初にこれを思いついたはずだ。よってこのダジャレがスベったとしても、その責任の一切は彼に負ってもらうことにしよう。

冗談はさておき、このタイトルは読者の中に倫理学的センスが芽生えることを期待して本気でつけたものである。この本は、倫理学に疎い人、倫理学というものがそもそもどういう学問なのかピンときていない人も読者に想定している。むしろ、そういう人たちにこそ読んでもらい、五感を超えた第六感ならぬ倫理学の感覚を開いてほしいのだ。

たとえば経済学のセンスを養えば、世界のさまざまな事象を経済学的視点から見ることができるようになるだろう。医学のセンスや工学のセンスも、それぞれに新しい世界の見方を与えてくれるだろう。倫理学も同じことだ。そのセンスを養えば、倫理学的な世界の見方が開けてくる。

しかし、そのセンスをどのように養うかが難しい。たとえば経済学のセンスを養うには、経済学の体系だった基礎知識を学ぶことが不可欠だ。しかし、倫理学にはそのような基礎知識を教えてくれる定番の教科書がない。哲学・倫理学研究者の端くれであるつもりの私たち執筆者も、自慢じゃないがそんな教科書で倫理学を学んだことなどない！　ではなぜ倫理学には、他の学問のように体系だった定番の教科書がないのだろうか。おそらく一つの理由は、倫理学の問いの特殊性にある。

「自由とは何か」、「正義とは何か」、「幸福とは何か」。倫理学の典型的問いはこういうものである。「自由」や「正義」や「幸福」は、経済学の専門用語などとは違って日常で使う言葉だ。倫理学は、人生の基本的な価値に関わるこのような日常的概念をテーマとする。あなたは普段、自由とは、正義とは、幸福とは何か、教科書などなくてもある程度分かっているつもりで生きているだろう。それらの概念について何か言えると思っている。一定の知識をもっていると思っている。そして実際そうなのだ。あなたはそれらの概念について、教科書などなくても一応の理解と知識をもっており、日常でその概念を使うことができているのである。

つまり倫理学は、新しい概念を学ぶところから始まるのでなく、すでに知っているはずの概念を問い直すところから始まる学問なのだ。だから定番の教科書がない。倫理学を学ぶとは、すでに知っていると思っている価値概念を思想家のそれぞれがどのように問い直し、再構成し、創造していったのか、その議論を自らたどって吟味することでしかない。すなわち、いきなり倫理学の議論に踏み入っていくことでしか、倫理学のセンスは養われないのである。

とはいえ、倫理学を専門的に研究したいという人でもなければ、最初から過去の著名な思想家の議論に踏み入ることまでしないだろう。プラトン、アリストテレス、スピノザ、カント、ベンサムなどの本をすぐに手に取ろうという人は稀有である。そこで、是非この本を利用してもらいたいのだ。この本では、あなたも知っている現代的な社会問題や、誰にでも分かる身近な事象に関わる倫理的問題を取り上げている。第一章から第五章は、日常生活に関わる比較的身近な倫理的問題を扱う。第六章以降の後半では、より政治哲学的で公《おおやけ》なテーマが中心となる。どの章から読んでもらってもかまわない。あなたがまず興味を惹かれたテーマからでいい。

どの章も、それが扱う具体的問題の考察を通して、私たちがこれまで知っていると思ってきた価値とそれに関する思想を疑い、問い直している。あなたも執筆者の思考をたどり、自ら議論に入り込んでほしい。そうすれば、これまで漠然と受け入れてきた思想を疑えるということ、そして、新しい考え方に基づいてよりよい生き方を作りあげていくことができるということに気づくはずだ。

そう、倫理学には倫理学なりの現実を変えるパワーがある。この学はたしかに医学や工学のような実学ではない。モノとそれを扱う技術によって、命を救ったり生活の利便性を高めたりする分かりやすさはない。しかし、私たちの現実はモノだけでできているわけではない。あなたは何らかの家族の一員として生まれ、何らかの国家の国民として権利や義務をもち、何らかの文化を背負い、何らかの幸福を求めて生きている。これら「家族」、「国家」、「権利」、「義務」、「文化」、「幸福」は、すべてモノではなく、価値に関わる思想、あるいはそうした思想に基づく制度だ。つまりこの現実は思想で構築されているのだ。倫理学は、この思想から成る現実を批判し創造する力をもつのである。

本書との出会いが、あなたに世界の新しい見方を開くことを願っている。この世の中がさまざまな価値思想から構築されていることを実感してほしい。そのことによって、この思想的構築物としての世界から一歩身を引き、それを眺めるスタンスを学んでほしい。そうすれば、これまで疑わなかった価値と思想で固められていた世界がだんだん柔らかく見えてくるだろう。新しい生き方のイメージが目の前に広がり始めるだろう。その驚きと喜びを少しでも感じてくれたなら、そのときあなたの「エシックス・センス」が開かれたことになるのだ。

新名隆志
林　大悟

エシックス・センス

——倫理学の目を開け——

＊

目次

エシックス・センス

——倫理学の目を開け——

第1章　どこから「差別」になるの？

新名隆志

一　障害者への配慮はどこまで必要か

†ある聴覚障害者の要求

以前NHKのある番組で、大学院生の聴覚障害をもつ女性の悩みをテーマに、ウェブ上で若者たちが議論するというものがあった。彼女はとても明るく、はきはきものを言う女性に見えたが、その番組後半でこれまで人になかなか言えなかった「配慮してほしいこと」を初めてリストにして書き出したのである。二十一項目あったというそのリストの一部を紹介しよう。

- 右の耳の方が聞こえるから自分と話すときは右側に立ってほしい。
- ミーティングで誰が話しているか分からなくなるから、発言は手を上げてしてほしい。
- 一対一だと大丈夫だが、大人数だと疲れやすいことを知ってほしい。
- 分からず曖昧にうなずく癖がついているので、約束の時間や場所など正確に伝えたいことは書いてほしい。
- 大人数でいるときに笑われても何が起きたか分かっていないことが多いから、なぜ笑ったのか教えてほしい。
- 講演会やライブに行ったとき通訳がついていなかったら、何を話しているか書いて教えてほしい。
- 映画は字幕があることを前提に誘ってほしい。
- 注文の時に店員が言っていることが分からないとき、教えてほしい。ただし、教えてもらった後の応対は自分でしたい。[1]

あなたはこれらの要求を見てどう感じただろうか。筆者は正直言ってはっとさせられた。聴覚障害者の日常の思いをほとんど想像できていない自分に気づかされた。多くの人がそうかもしれない。しかし気づかされた上で、今度はこれらの要求をどう評価すべきだろうか。「これらの要求に周りが配慮すべき」か。それとも「配慮されなくても仕方ない」のか。あるいは「こんな要求はわがまま」か。

上の要求は主にプライベートでの友だち付き合いに関わるものだが、もう少し公的な制度や設備に対する配慮であればどうだろう。

†ある視覚障害者の要望書

この聴覚障害をもつ女性は、大学院で「情報保証」のサービスを無料で利用していた。彼女の大学院では、一コマの講義に二人の健聴者がつき、授業内容をパソコンに記録してくれるということだった。しかし数十年前は、学生自身がそうした制度を得るために懸命に運動せざるを得なかった。一九八五年に明治大学に初の点字使用学生として入学した視覚障害者の戸塚辰永は、三十二項目からなる学習・生活環境改善のための要望書を大学学生部に提出したという。その一部を要約して紹介しよう。

［講義について］
・板書は書きながら大きな声ではっきり読み上げ、さらに書いた後で書いたとおりに大きな声ではっきり読んでほしい。
・漢字の同音異義語や意味が分かりにくい語を板書するときは、その言葉の意味を説明してほしい。また、外国語の板書では綴りを全部言ってほしい。
・指示語（あれ、これ等）を使って説明をしないでほしい。
［環境・設備、事務などについて］

・エレベーターに音声確認装置をつけてほしい。
・図書館では対面朗読制度を保証してほしい。
・成績表は事務職員が点字で作成してほしい。（戸塚 二〇〇八、二七－二八頁参照）

三十年近く前の要望書だが、大学教員の筆者としては、考えさせられ、正直困惑させられる部分もある内容である。しかも、これはあくまでも視覚障害者に限った要望だ。聴覚障害者や肢体不自由者はまた別の要望をもつだろう。このように、障害者は学校で、職場で、またはプライベートで、さまざまな配慮への要求をもっている。これらの要求はどこまで応えられるべきだろうか。応えることは応える側の善意なのか。それとももっと強い義務なのか。どういう基準でどの範囲まで応えるべきなのか。

†「合理的配慮」の欠如は差別か

障害者に対する配慮や工夫は、右で挙げたような教育現場での情報保障等のサービス提供だけでなく、職場や施設などさまざまな場面で求められている。施設に車椅子用のスロープや障害者専用の駐車場やトイレを設けたりするのは典型だ。また職場環境に関しては、聴覚障害者のために会議で手話通訳をつけたり、パソコン仕事をする視覚障害者のために音声読み上げソフトを導入したりすることなども求められる。

障害者の社会生活にとって自由な活動を保証するための、過度な負担を伴わない限りでのこのような配慮や便宜は、「合理的配慮（reasonable accommodation）」という言葉で表現される。障害者差別問題に関する近年の最重要トピックとも言えるのが、二〇〇六年に国連総会で採択された障害者権利条約で、この合理的配慮の欠如が「差別」だと明確に謳われたことである。(2) つまりそうした配慮は社会全体の「義務」であり、それを怠ることは「不正」だという思想が明確にされたのだ。

あなたはこれをどう思うだろう。何となく納得いかないと感じた人も多いのではないか。実際、「合理的配慮の欠如は差別だ」という思想が日本に根づいているとは言い難い。二〇〇九年の内閣府の調査では、障害者への配慮・工夫を行なわないことが差別に当たるか否かという問いに対して、「差別に当たると思う」、「どちらかといえば差別に当たると思う」という回答は合わせて五二・八％にとどまった。(3) 本章を執筆しているのはこの調査から約三年半後だが、その間に合理的配慮についての日本人の意識が大きく変化したとは考えにくい。事実日本は、二〇一二年十月現在、まだ障害者権利条約に批准していない。

合理的配慮は差別についての新しい考え方を示すとよく言われる。そうであればなおさらのこと、この思想を納得させてくれる分かりやすい説明・理論が必要だ。しかしそれがまだ十分整えられていないのが少なくともわが国の現状である。差別とは何か、障害者に対する不正とは何かということを、基礎から考え直すことが今迫られている。

二　ポジティヴ・アクションは正当化できるか

†日本女性の社会進出の遅れ

障害者問題と同様に、性別による格差の問題も日本で対策が遅れている差別関連の問題だ。日本女性の社会進出の遅れは、内閣府の『男女共同参画白書』を見れば明らかである。その平成二十四年度版（以下『白書』と略記）からいくつか例を挙げよう。

政治参加については、たとえば平成二十三年十二月現在、衆議院の女性議員比率はわずか一〇・九％である（『白書』四〇頁）。経済的な男女格差も非常に大きく、平成二十二年の給与所得者で年間三百万円以下の所得者の割合は、男性が二三・四％であるのに対し、女性は六六・二％に達する（『白書』七六頁）。この背景には、女性の場合パートなど短時間労働の就労が多いことがあるだろう。これ自体も問題と言えるが、正社員・正職員の給与を比較しても、男性を一〇〇とした場合女性は七二・三にとどまる。（『白書』七七頁）。やはり出産・育児を背景とした女性の勤続年数の短さや職階の低さが大きな理由だろう。ちなみに、民間企業で課長相当の女性の割合はわずか八・一％。部長クラスになると五・一％しかない。

他国と比較すると、日本女性の社会進出の相対的遅れは歴然とする。たとえば先ほど衆議院の女性議員比率の低さを指摘したが、これは一八七か国中一二二位（平成二十三年十月現在）と非常に低い

（『白書』四〇頁）。また、国連開発計画（ＵＮＤＰ）による指数で、経済、教育、政治、保健各分野のデータから算出した男女間の格差を示す「ジェンダー・ギャップ指数（ＧＧＩ）」というものが公表されている。測定可能な一三五か国中、格差の少ない順で日本は九十八位と、これもかなり低い（『白書』五四頁）。

このような日本の男女格差の根本原因として、日本ではいまだに性別役割分業意識が根強いということが指摘される。いまどき「夫は外で働き、妻は家庭を守るべき」なんて、と思うかもしれない。しかし平成二十一年の調査によると、この考え方に対して「賛成」と「どちらかといえば賛成」を合わせた比率は男性回答者の四五・九％。女性回答者の三七・三％にのぼる（『白書』八四頁）。実際、日本女性のこのような社会進出の遅れの最大原因は、①性別役割分業意識、に求められるよりほかに説明がつかないだろう。これ以外の原因の解釈としては次の二つくらいしか候補がない。②日本の女性は男性より努力が足りない。③日本の女性は男性より能力が劣る。本気で②や③の解釈を採るつもりがないならば、素直に①を認めるべきだろう。

†日本におけるポジティヴ・アクションの遅れ

日本女性の社会進出の遅れを是正する有効な政策・制度として「ポジティヴ・アクション（positive action）」（以下ＰＡと略）がある。ＰＡとは、政治、雇用、教育などの分野において参画や進出が著しく遅れている集団に対し、その遅れを積極的に是正し、実質的に他集団と平等にしようとする措置を言う。遅れがある集団であればＰＡの対象となりうるので、その集団は人種、性別、障害などさまざまな属性によって特定されうる。しかしここでは特に女性に対するＰＡに話を絞りたい。

女性に対するＰＡといってもさまざまである。夫婦で就労を両立させる支援のような「穏健な」ものもあれば、女性の参画率の目標数値を設定したり、女性という特徴を採用・昇進のプラス要素として考慮したりする「中庸な」ものもある。最も「厳格な」と言えるのは、国会議員や企業の取締役の女性の比率を決めたり、比例代表選挙の候補者名簿を男女交互にしたりするなど、獲得されうる地位の一定の数や比率を女性に割り当てるものだ。これは通常「クオータ制」と呼ばれる(4)。本章で主として想定するＰＡは、このクオータ制である。

ＰＡは多くの国で採用され成果をあげている。政治分野では、世界で百近い国と地域で何らかの政治的クオータ制が導入されている。特に昨今は、ＰＡを導入したアフリカ諸国が下院女性議員比率ランキングの上位を占めており、二〇一二年十月末現在、第一位はルワンダである（五六・三％）(5)。

早くから女性の社会進出が進んでいる北欧では、すでに一九七〇年代からＰＡも利用した女性の政治参画が進んだ。政治分野以外でも、たとえばノルウェーでは、二〇〇六年から民間企業でも取締役会四〇％クオータ制が法律で定められ、これにより株式上場企業取締役の女性比率は、二〇〇三年の八・五％から、二〇〇八年に四〇％に跳ね上がった。同国のパパ・クオータ制も有名だ。これは出産後の両親の育児休暇の一部を父親にのみ割り当て、父親がその育休を取らないと育休の権利を制限する制度である。これにより同国の父親の育休取得率は飛躍的に上がった。

ほかにも、たとえばフランスは「パリテ（男女同数）」という理念のもと、一九九〇年代後半から憲法改正までしながら積極的に男女平等を進めている。政治領域でも企業の取締役会でもクオータ制を取り入れており、パパ・クオータ制も導入している。また隣国の中国、韓国でも政治領域でのクオータ制は導入されている。特に韓国では、比例代表選挙候補者名簿の五〇％クオータ制と、小選挙区候補者三〇％を女性にする努力義務を定める法律が整備された(6)。

このように世界で進むPA政策で日本は大きく後れをとっている。政治領域でのクオータ制は多くの国々が導入してきたが、日本では二〇一二年九月現在、選挙立候補者についての政党の自主的クオータ制すら行なわれていない。このような日本の状況の原因としては、国民性もあるだろうが、PAに対して「納得し切れない」という感覚も大きいのではないか。おそらく多くの国民はPAがなくても女性「差別」ではないと思っているだろう。それどころか、PAによる女性優遇にちょっと納得いかないと感じている人も多いのではないか。そしておそらく、PA推進派の多くもこうした感覚に堂々と反論できないのだ。実際、PAはこれだけ世界中で実施されているにもかかわらず、以下にみるようにそれを正当化する理論はいまだ不安定な状況なのである。

†　PA正当化の難しさ

最近日本で、教育・学術分野でのクオータ制導入の計画が批判を受けて覆されるという事件が起こった。九州大学は二〇一〇年三月、理学部数学科の後期日程定員九人のうち五人を「女性枠」とすることを公表した。特に数理学分野に少ない女性研究者育成のため、まずは女子学生を増やすことを目的としたものだった。しかしメールや電話で「男性差別（逆差別）だ」、「法の下の平等に反する」等の批判が相つぎ、大学は二〇一一年五月にこの計画の撤回を発表したのである。

「逆差別」はＰＡ（特にクオータ制）に対する典型的な批判だ。ＰＡは女性集団を優遇することにより、利益を得たある女性と同等以上の資格や能力があるにもかかわらず、利益を得ることができない男性個人を生じさせる。つまりこの男性個人は男性であるという属性によって不利を被るわけだ。これは、〝個人を属性に関わらず個人として平等に扱う〟という、憲法でも保障されている平等原則や個人尊重の考えに反する差別だ、というのが逆差別の主張である（愛敬 二〇〇七、四七－四八頁、辻村 二〇一一、九一頁参照）(7)。

こうした批判のなかで、米国ではＰＡ（ただし米国ではポジティヴ・アクション的施策を「アファーマティブ・アクション（affirmative action）」と呼ぶ）を差別問題と考えるのではなく、「多様性の確保による利益」の重視という観点から正当化しようという議論も生まれている（愛敬 二〇〇七、五四－五五頁、辻村 二〇一一、九一－九六頁参照）。しかしこうした議論は正当化理論として弱いだろう。ＰＡの欠如が「多様性による利益を失う」というだけでなく、女性の権利侵害として「不正」だと言えたときに初めて、ＰＡは実施されねばならない「義務」となるのだ。しかし、右に述べたような批判を論駁《ろんばく》し、ＰＡの欠如が女性への不正、すなわち差別だと説得的に説明することははたして可能なのだろうか。

三　何の平等が大事か

†「差別」の不正さとは何か

合理的配慮やＰＡの施策を実行しないことは「差別」と言えるのか。施策の説得性と実効性を高めるためにも、私たちはこの基本的な理論的問題をおろそかにしてはならない。まず、そもそも差別の不正さとは何かというところから考えてみよう。

代表的な差別を考えよう。「人種」「性別」「障害」、日本なら「部落」による差別も思いつく。これらに共通しているのは、本人の努力で変えようのない属性だということである。黒人だから、女性だから、障害者だから、部落出身だからという本人にどうにもできない理由で、侮蔑されたり、就職を制限されたり、結婚を妨害されたりすること。このように、本人に変えようのない属性によりある種の不利を受けることに私たちは不正さを感じる。ここに差別の不正さの基本原則を捉えることができる。改めて定式化すると、差別の不正さとは「本人に変えようのない属性によりある種の不利を被ることの不正さ」である。

しかしこの不正な「ある種の不利」とは具体的に何か。たとえば「容姿が悪くてモテない」という不利も本人の努力で変えられない属性による不利だが、これを不正と言いつのるのはおそらく不適切だ。典型的に不正な不利とは、上に挙げた侮蔑や就職制限や結婚妨害のように、人権に関わるような基本的な自由や利益についての不利だろう。こうした基本的な利益の一つとして「機会平等」を挙げることができる。実は、この機会平等とは何かということの明確な認識こそ、合理的配慮やPAの意義を理解するための最重要ポイントだと思われるのである。

† 機会平等とは何か

「機会平等」とは何だろう。一般的なイメージは、社会的地位や経済的利益を得るための競争的活動のスタートラインを平等にすること、というようなものだろう。具体的には、そうした競争的活動において「能力さえあれば誰でもチャンス（機会）がある」ように性別や家柄や人種による「特別扱い」を排除する、というようなことになる。私たちはこうした機会平等を与えられることを人間の基本的な利益と考えている。それが性別や家柄や人種などの理由で与えられなければ、「差別」だとみなす。しかし、機会平等とは能力主義と同じなのか。また、機会平等の方法は、特別扱いを排除し「スタートラインを揃える」ことでしかないのだろうか。もしそのように考えるとすれば、それは機会平等についての誤解と言っていい非常に狭い見方を示している。

機会平等とは「能力差に基づく格差を認めよう」ということではなく、「結果を得る機会（チャンス）を平等にしよう」ということであるはずだ。こう考えたとき、機会を平等にする方法は決して「スタートラインを揃える」ことだけではない。特別扱いをし、スタートの処遇や競争の方法に差をつけることも機会平等の重要な方策なのだ。

このことはスポーツ競技を考えるとよく分かる。二〇〇九年のベルリン世界陸上女子八百メートルで、金メダルを取った南アフリカの選手が性別詐称疑惑で話題になった。なぜそのようなことが問題になるのか。それは当然、基本的競技能力に差のある男女に同じレースをさせることが不正（不平等）と考えられているからだ。男女が同じレースをすれば、メダルは男性が独占する。これはメダルの栄誉を得る機会の不平等だ。もしオリンピックの競技がすべて男女混合で争われるようになったら、それは「女性差別」と言うべきだろう。男女の区分は、勝利の栄誉を男女平等に割り当てるという意味で、いわばスポーツ界におけるクオータ制なのだ。

スポーツは、男女の区分以外にも競技の性格と選手の基本的競技能力に応じた区分をする。たとえば格闘技系の競技は体重別に区分される。障害者スポーツになると、障害の種類や重さに応じて複雑なクラス分けがあるし、同じレースでも平等にするための特別措置がある（競泳で飛込みができない人には水中スタートを認めるなど）。いずれも勝利の機会を平等にすることによって競技を公正にする方策である。

以前小学校の教師たちにこの機会平等の話をした際に、ある教師が興味深い話をしてくれた。小学校の運動会で、保護者の要望もあり車椅子の児童をかけっこに参加させた。その際トラックの内側に特別のレーンを作り、またスタートラインをかなり前に設定したということだった。これはその車椅子の児童へのえこひいきだろうか。そうではないだろう。それはまさに、勝利の機会を平等にすることによりかけっこを公正にするための一つの方策なのだ。こうした試みは、ずいぶん前に悪平等として批判された「かけっこで順位をつけない」とか「みんなで手をつないでゴール」のような「結果平等」を与えることとはまったく違うのである。

†センのケイパビリティ論

右に示したように、機会平等は、ときに人に応じて特別扱いをすることによって初めて実現する。このことと深く関わる現代倫理学の議論として、アマルティア・センのケイパビリティ論がある。

センの考え方は次のような事例から理解できる。「街を自由に移動する」という効用を与えるために、皆に平等に自転車が配給されたとしよう。これは皆を平等に扱うことだろうか。たとえば下半身不随の人は、「自転車」という財を得てもそれを「街の自由な移動」という効用につなげる力をもたない。その人にとって「自転車」という財は無意味だ。このような財の平等という考え方では、財を効用に転換する力の不平等が見落とされている。皆を真に平等に扱うとは、「街の自由な移動」という効用を得る力を平等に与えることではないか。とすると、与える財はむしろ平等であってはならない。自転車をこげない障害者にはむしろ車椅子を与えるべきだ。また二輪車に乗る技術習得が難しい人には大人用三輪車などが適切だろう。

このように、人間にとって価値ある効用の集合を実現する「力」をセンは「ケイパビリティ」と呼び、その平等こそが重要だと説いた。「ケイパビリティ（capability）」という英語の意味は、「〜できること」である。つまり「街の自由な移動ができること」、「能力に応じた仕事ができること」、「娯楽を楽しむことができること」など、さまざまな人間的効用を実際に得ることが「できること」が「ケイパビリティ」である。これは言い換えれば、そうした諸効用を得る実質的な「機会をもつこと」にほかならない。それゆえセンはまさに、ケイパビリティの平等こそが「真の機会平等」だと述べるのだ（セン 一九九九［1992］、一〇頁）。

ケイパビリティ論は、機会平等について二つの重要なことを明らかにしてくれる。第一に、平等に獲得する機会をもつべき効用・利益は社会的・経済的利益に限るべきでないということだ。右に挙げたような「街の自由な移動」や「能力に応じた仕事をすること」、あるいはもっと人間に基本的な「食べること」や「住居をもつこと」、「清潔であること」などについても、それらの利益を獲得する機会は当然平等であるべきだろう。第二に、まさにこの**三**で示したように、真の機会平等は、場合によっては皆を一律に扱うことでなく、むしろ人の特徴に応じて扱いを変えることによって初めて成り立つということである。

差別問題を理解するにあたって、このような機会平等の理解は非常に重要だ。興味深いことに、センがケイパビリティ論を提示した重要な動機は、まさしく障害者や女性などに対して現代正義論が目を向けていないことにあったのだ（セン 一九九九［1992］、二三三頁）。以下では、この**三**で明らかにした機会平等概念に基づいて、**一**と**二**で提示した合理的配慮やＰＡ、またその他の差別問題を改めて捉え直してみよう。

四　機会平等から捉え直す合理的配慮とＰＡ

†　機会平等の実現としての合理的配慮

一を読んだ時点で、合理的配慮の欠如はやはり「差別」とまで言えないのではないか、と考えた人が多いかもしれない。しかし三で機会平等の本質的な意味を理解した今、障害者の平等な扱いのためになぜ合理的配慮が必要か、何となく分かってきたのではないだろうか。

合理的配慮とは端的に言えば、障害者が教育や就労、その他基本的な社会生活を営む上で機会平等を得るために必要な、特別扱いのことなのである。障害者は、健常者が社会生活において当たり前に享受している「できること」としての自由、言い換えれば実質的な機会を、健常者と同様に扱われる限り得ることができない。障害者を健常者と〝同様に扱う〟のは公正であるどころか不正なのだ。それゆえ障害者は、障害のない人と等しい機会を保証してもらうために特別扱いを要求する権利を与えられるべきだ。それに対応して社会の側は特別扱いの義務を負う。かくして、合理的配慮の欠如は「差別」と言えるのである。

合理的配慮の欠如が差別という考え方は、何か新しい差別観のように言われる。しかし、そこに本質的に新しい差別観はない。前に述べたように、機会平等は私たち誰もが求める重要な平等であり、それが本人の努力でどうにもならない属性を理由に与えられなければ、「差別」だと考えるのが普通なのだから。実際、障害者権利条約の合理的配慮の考え方もその背景に機会平等があるし、現在日本で進みつつある差別禁止法についての議論でも、合理的配慮は機会の確保という形で論じられている。(8) しかし、合理的配慮が何か新しい概念とみなされ、その欠如を「差別」と考えることへの抵抗が残っているのは、三で述べたような機会平等の本当の意味がこれまではっきり認識されてこなかったからだろう。(9)

† 集団の特別扱いと逆差別

ではPAを機会平等の実現と考えられるだろうか。PAを機会平等から説明することは合理的配慮の問題以上に複雑であり、だからこそ理論的に重要な課題だ。ここでまず、三で理解した機会平等の意味を武器に、PA批判に真っ向から反論を試みてみよう。PAによる女性集団の優遇が、「個人を個人として扱う」という差別禁止の原則に反し逆差別を生じさせるというのは、本当に正しい主張なのだろうか。

三で示したスポーツやかけっこの機会平等をヒントに、次のような事例を考えてみよう。一つの競技を男女混合で争う陸上競技会が構想されたとしよう。このときどのようなルールが設定されるべきか。あの車椅子の児童のように、女性のスタートラインを前に設定するのは一つの案だ。その他方法は色々あるだろう。男性が重しをつけるなどのハンデを負って走る、記録を点数化する表を男女別に作って記録の男女格差を是正し、その点数で競う、など。ともかく女性集団を優遇する何らかのルールを設定することが必要となるだろう。この競技会では、そのような女性優遇措置がなければ入賞するはずの男性の一部が入賞できないことになる。それは当然のことで、まさに機会平等の理念が要求することなのだ。

また、こうした集団優遇措置のなかでもクオータ制に類似した例としては、「パーキングパーミット」を考えてみるといいだろう。これは障害者専用駐車場を利用するために許可証を発行する制度であり、多くの自治体が取り入れている。この制度は障害者の特別扱いによる機会平等実現の典型例だ。専用の広い駐車スペースを施設の近くに設けることで、歩行困難者や高齢者でも自由に車を乗り降りし、安全に負担なく施設に入れる機会を提供しているわけである。健常者は当然この専用駐車場に駐車することができない。たとえそれ以外の一般の駐車場が埋まっていたとしても、健常者はそこに車を止めてはならないのである。

これらの例から分かるように、機会平等の施策は、活動の結果の操作ではなく、活動のルールの操作によって、活動の結果の集団間の平等を見込む。見込まれるのは「集団間の平等」である。差別はそもそもある属性で識別される集団に対する不利な扱いなのだから、差別の是正が集団間で行なわれるのは当たり前なのだ。

そしてそのような集団間の平等を見込むルールのもとでは、活動の結果として女性に敗れる男性陸上選手が出てきたり、障害者専用駐車場しか空いていなくて駐車できない健常者が出てきたりすることは当然想定されている。資産階級が教育や就職の機会を優遇されているような社会を変革して機会平等を実現すれば、出世できない金持ちのボンボンが出てくるのと基本的に同じだ。これらは「逆差別」などではない。すべては機会平等を実現する公正なルールに則った活動の結果である。そこに平等に扱われる権利を侵害された個人などいないのだ。このことが確認できれば、私たちはＰＡ正当化のための最大の問題を取り除いたことになるだろう。

†機会平等の実現としてのＰＡ

今や私たちは、ＰＡを正当な差別是正策として捉えることができるだろう。まずＰＡを必要とする女性差別の状況を改めて確認しよう。日本では、根強く固定化した性別役割分業意識がある。これがそれ自体差別かどうかはここで問題にしない（それは五で考えよう）。ともかくこの文化構造が原因で、社会的・経済的利益を獲得する機会について女性が男性より不利であるのはたしかだ。本人にどうしようもない文化構造を原因とするこのような機会不平等を放置するならば、それは差別だろう。

この差別状況に対しては、女性集団を特別扱いすることで初めて機会平等が実現される。これは合理的配慮が障害者を特別扱いすることで初めて機会平等を実現するのと同じことである。ＰＡは、パーキングパーミットと類似して、不利な集団に一定の利益獲得率を割り当てるというルールのもとで利益獲得活動を認めることにより、利益獲得の機会を平等化する制度である。これはたしかに女性集団の特別扱いであり、この制度がなければ利益を得ていたのに、この制度によってある女性にその利益を奪われる男性個人を生じさせる。しかしこれは機会平等のためのルールに則った活動の結果であり、逆差別などではない。

以上の議論はＰＡの細かな内容の問題に答えを出すものではないが、基本的にＰＡ全体を差別是正策として正当化し肯定する。多様性の確保というような曖昧な正当化はＰＡにふさわしくない。ＰＡは端的に、現在生じている機会不平等という差別を是正する制度と捉えることができるのだ。

五　制度の機会平等を超えた諸問題

†私的行為における差別

ここまでは、合理的配慮やＰＡという公的制度による差別是正を問題にしてきた。しかし差別は公的制度の問題にとどまるのだろうか。差別とは、個々人の私的なコミュニケーションや意識の問題でもあるのではないか。サッカー好きの人なら、欧州サッカー界での人種差別問題を知っているだろう。黒人選手に対してサポーターがサルの鳴き真似をして嘲ったり、スタンドからバナナを投げ込んだりする行為がしばしば差別問題としてニュースに取り上げられる。これは典型的に、公的制度ではなく私的行為としての差別問題だ。このような行為はなぜ「差別」なのか。

改めて差別問題の「原則」に立ち返ろう。それは「本人の努力では変えられない属性によってある種の不利を被るのは不正だ」という考え方だった。右の黒人差別もこの原則から理解できる。この場合の不正な不利とは、侮蔑されること、馬鹿にされること、それらの行為で自尊心を傷つけられることである。黒人であるという本人の努力でどうしようもない特徴によってなぜ馬鹿にされねばならないのか。この正義感覚が右のような例を「差別」と言わしめるのである。

侮蔑されるという不利は分かりやすい。しかし私的コミュニケーション空間のなかでは見えにくい不利もある。それがまさに「機会不平等」だ。**四**ではこの不平等の是正のための制度として合理的配慮やPAを正当化した。しかしこうした制度的是正は完全なものではない。私的空間での機会不平等に対する意識が変わらない限り、おそらく合理的配慮やPAは市民社会に根付かないか、あるいは効果が弱まるかだろう。以下、この私的空間における機会不平等の問題について、やはり女性差別と障害者差別に即して考察し、この章を終えることにしたい。

†　性別役割思想における機会不平等

PA正当化の際に述べたように、性別役割分業意識の固定化こそが、女性の社会進出における機会不平等の本質的原因と考えられる。**四**では、これに対して制度が何も対処しないことは機会不平等の放置だから差別だと論じた。しかし、この性別役割分業意識を個人がもつことそれ自体は「差別」なのだろうか。つまり「夫は外で働き、妻は家庭を守るべき」というような考え方それ自体が倫理的に非難されるべきか。それとも、こうした考え方は個人の自由なのか。

たとえば「黒人なんてサルだ。劣った人種だ」という考え方ならどうだろう。当然ながら私たちはこの考え方を「個人の自由だ」と肯定したりしない。法的な次元での言論の自由や思想の自由は「どんな考えも倫理的に許される」とは違うことに注意しよう。倫理的には、非難されるべきであり誰ももつべきでない考え方というものが当然想定される。言論や表現の自由は、どんな考え方を倫理的に非難すべきか肯定すべきかを議論できることは保証しているが、すべての考え方が倫理的に等価であることなど保障していない。それゆえ、黒人侮蔑思想を表明すること、発言することそれ自体はたしかに許されるとしても、その発言が倫理的に許されないのは当然なのだ。

　とすれば、性別役割の思想もやはり倫理的に非難されるべきではないか。「女性を侮蔑しているわけじゃない！」と反論があるかもしれない。しかし「侮蔑」は差別によって被る不利の分かりやすい一例にすぎない。性別役割思想は、女性を侮蔑しているからではなく、女性を機会に関して不平等に扱うから倫理的に非難されるべきなのだ。それはまず、社会的・経済的利益獲得の機会について女性を不平等に扱う。さらにそれは生き方について女性の機会を制限する。なぜなら性別役割思想は、男性に対しては「主夫」業につく機会こそ制限するものの、社会でのそれ以外の多様な仕事や活動を認めるのに、逆に女性に対しては社会に出て多様な仕事や活動をする機会を制限し、主婦業に縛りつけようとするからである。主婦業の素晴らしさや意義を言い立てることはまったく反論にならない。不正さは生き方の選択肢が極端に限られること、つまり「機会」が制限されることにあるのだから(10)。

　かくして、性別役割思想をもつことそれ自体が差別だと言ってよいのではないだろうか。この思想が固定観念として私たち個々人に残っているならば、それを変えていかねばならない。もしそれができ、人びとの意識にある機会不平等が解消されれば、ＰＡは縮小することも可能だ。しかしもしそれが変えられないならば、あるいは性別役割思想自体は自由だという考えが放置されるならばなおさら、いつまでも厳しいPAが必要であり、しかも人びとのPAへの抵抗感はいつまでも消えないだろう。

† 障害者の日常における機会不平等

障害者の私的空間にも大きな機会不平等がある。聴覚障害をもつ女子大学院生の友人関係における悩みを思い出してほしい。あなたはあれを読んだとき、筆者と同様に「気づかなかった」と多少なりとも驚かなかっただろうか。その驚きに、障害者の日常的なコミュニケーションにおける機会不平等が示されていると思われるのだ。

他者とのコミュニケーションというものは、たとえ健常者同士でも難しい。しかし障害者は、さらに特別なコミュニケーションの困難を抱えて日常を生きている。というのも、健常者同士のコミュニケーションにおいての「当たり前」が、障害者にとっては大きなバリアだからだ。健常者は、声さえ出せば誰の発言か分かるのが「当たり前」だから、手を挙げずにしゃべり出す。見れば分かるのが「当たり前」だから、図を描いても説明しない。健常者は日常の「当たり前」がまさに「当たり前」だからこそ、障害者が日常感じている負担や要求になかなか想像が及ばない。それは自然に察知でき配慮できるようなものではない。

それゆえ、障害者がさまざまな社会参加を行なっていくためには、まず障害をもたないマジョリティの「当たり前」感覚に踏み込み、それを壊し、自分とコミュニケーションをとるための背景作りを共にしてもらわねばならない。この困難さはたとえば、同性愛者がカミングアウトし、異性愛者同士での「当たり前」コミュニケーションを壊して作り直すことの困難さに似ているだろう（風間 二〇〇九、一一二－一一五頁参照）。また障害者の場合、単なるマイノリティとしての困難とは別の困難もあるだろう。障害者としての自分をさらけ出すことの内面的葛藤だ。障害の種類や程度にもよるだろうが、障害者としての自己を肯定し、障害の負担や苦悩を堂々とさらけ出すことは、健常者の想像が及ばない勇気と強さを必要とするだろう。「困っているなら言えばいいじゃないか」というのは、やはり健常者目線の理屈なのである。

このように障害者は、私的コミュニケーションを円滑に行なうという、とても日常的な利益において、機会の不利を被っていると言えそうだ。この不利を認めるならば、健常者が健常者同士の「当たり前」コミュニケーションに留まり続けることは、やはりそれ自体差別的と言えるのではないだろうか。私たちはその「当たり前」を意識的に疑い、障害者に自ら近寄る態度が求められるのではないか。それができない限り、いくら公的制度や設備で配慮をしたところで、障害者の社会参加の機会は決して健常者と平等にはならないだろう。「そんなところまで完全に平等にするなんて無理だ」という反論は分かる。しかしたとえ完全に平等にはできないとしても、不当な不平等を放っておいていいということにはならない。(11)

† 正義の徳の涵養

私的空間での機会不平等の是正のためには、最終的には個々人の意識が変わるしかない。黒人への侮蔑的な考え方が是正されるべきであるように、性別役割思想や、健常者間コミュニケーションの「当たり前」も是正されるべきだろう。これは制度における正義ではなく、個人の徳としての正義の問題と言える。個々人の正義の徳がなければ、いくら制度が整えられても不完全だ。徳としての正義が制度における正義を完全なものにする。

しかしまた、徳を養うのは制度だ。合理的配慮やＰＡという制度が納得のいく考え方に支えられて社会に確立すれば、それが障害者への配慮の意識を高めたり、根強い性別役割分業意識を変革したりすることを助けるだろう。それ以外にも、正義の徳を養うためにはそれ自体を目的とした制度が必要だろう。教育は当然重要だ。差別意識を助長する表現やメッセージが公《おおやけ》に流布しないような規制も必要だろう。

個々人が新しい正義の徳を身につけるのは簡単ではない。これまで何も不正はないと、むしろ正しいとさえ思っていた考え方や振る舞い方は、世代を超えた反復と習慣を通してまさに「身について」しまっている。ここに差別問題の根深さがある。私たちは新しい考え方と振る舞い方を身につけ直さなければならない。それは「面倒くさいこと」だ。だが、それなしに差別問題の解消はありえない。

この面倒くさい改革を実行するために、まず思想が重要なのだ。差別がどのような意味で不正であり、何をすれば差別になるのかについて、納得のいく考え方がまず示されねばならないのだ。不正への明確な認識と納得がなければ、個々人の意識改革など覚束《おぼつか》ないからである。本章は、障害者差別と女性差別を「真の機会平等とは何か」という一貫した観点から理解できることを示した。この考え方が、新しい正義の徳の涵養の一助となれば幸いである。本章で示したような、これまで明確に認識されてこなかった機会不平等、これに対する認識と感性を備えていなければ、今後「正しい人」、「正しい社会」とは言えないのではないだろうか。

（1）『青春リアル』二〇一〇年一月三十日放送「夜のドライブ、1人だけ先に寝てしまったのは、〃失礼なこと〃ですか？」より。
（2）条約本文は以下で読める。特に第二条を参照。「外務省：障害者の権利に関する条約」、http://www.mofa.go.jp/mofaj/gaiko/treaty/shomei_32.html（二〇一三年一月六日アクセス）
（3）以下を参照。「平成二一年度障害を理由とする差別等に関する意識調査」、http://www8.cao.go.jp/shougai/suishin/tyosa/h21ishiki/index.html（二〇一三年一月六日アクセス）。
（4）ＰＡの類型については、辻村（二〇〇七）一二九頁、または辻村（二〇一一）八一－八二頁参照。
（5）列国議会同盟のデータによる。Women in Parliaments : World Classification, http://www.ipu.org/wmn-e/classif.htm 参照。
（6）以上各国のＰＡについては、辻村（二〇一一）第一章および第二章に依拠している。
（7）その他ＰＡに対する典型的批判としては、ＰＡは結果平等を求めることなので機会平等原則に抵触するという批判（辻村 二〇一一、一〇一頁、一〇八－一一一頁、また山口 二〇〇二、七九－八八頁参照）や、ＰＡにより優遇された者がまさにそのことゆえに劣等者の烙印を押されるという「スティグマ」の問題（愛敬 二〇〇七、四八‐四九頁参照）などがある。本章の議論は、後者は扱わないが、前者に対しては反論になっている。

（8） 障害者権利条約では機会平等が原則の一つとして掲げられているが、合理的配慮と機会平等の連関は定かに示されていない。しかし杉原（二〇一〇）七八‐七九頁によれば、この条約のもととなったバンコク草案において、機会平等の定義のなかに合理的配慮を用いることが含められている。また二〇一二年九月十四日に内閣府の障害者政策委員会差別部会が取りまとめた「障害を理由とする差別の禁止に関する法制」に関する意見では、合理的配慮の必要性の論拠として機会平等にしばしば触れられている。

（9） 近年の障害者問題の議論で合理的配慮に比肩する重要な考え方として、英米の障害者運動や障害学の発展のなかで生まれた「障害の社会モデル」という考え方がある。これは、障害を医学的な欠損状態としてのみ捉え、それを「個人の悲劇」とする見方を脱するために提起された。社会モデルは、そうした医学的な機能の欠損を「インペアメント（impairment）」という言葉で捉え、「障害（disability）」はそうしたインペアメントをもつ者を考慮しない社会の物理的、制度的障壁によって生じる、そうした者たちの社会活動における不利と考える。つまり、「障害」は社会が作り出しているという見方を強く押し出し、そこに不正を訴える障害の捉え方である（社会モデルについては、杉野（二〇〇七）、特に第二章、第四章を参照）。

社会モデルは、学問領域と実践領域の両方で広く受け入れられてきており、現在では障害というものを捉えるための基本思想となりつつある。社会モデルが合理的配慮とともに世界に定着しつつあることは偶然ではない。それは機会平等についての認識の深まりを表わしているのだ。社会モデルとはすなわち、インペアメントをもつ者たちに与えられるべき特別の配慮を社会が欠いているために生じている社会活動への機会不平等、それがまさに「障害」なのだという訴えにほかならないのである。

同様に、施設や交通機関、公共サービス、日常製品などについてのすべての人が使用しやすいデザイン設計を意味する「ユニバーサルデザイン」、また障害者を隔離することなく社会に包摂し健常者と同様の社会生活を営ませるべきだと考える、「ノーマライゼーション」や「インクルージョン」という理念なども、その核心にある倫理観は機会平等に見出すことができるだろう。ここでは詳しい説明は省くが、三で提示した機会平等の意味に納得してくれた読者なら、このことは察することができるだろう。

(10) 新名（二〇〇五）は、この機会不平等を「女性的役割の文化的劣位性」として論じた。

(11) 私的空間における障害者差別の問題については、好井（二〇〇二）、飯野（二〇一一）の考察が参考になる。

第2章　事実を知ればすべきことが分かる？

林　大悟

一　「人の死」問題と倫理学

†「人の死」問題は倫理とは無関係か

現代社会において議論が絶えず、生命倫理学においてもテーマとして語られる一つの問題に注目しよう。臓器移植との関わりで論じられる脳死問題である。

「臓器の移植に関する法律」の改正案が二〇〇九年七月十三日に国会で可決され、一般的に脳死を人の死とする考え方がその条文のなかで示された。(1)「脳死は人の死か」という問題は一九九七年の「臓器移植法」成立以前からの大問題であり、法改正後も完全な国民的コンセンサスに至ったとは言い難く、現在でも倫理学、法学、医学などさまざまな学問領域から多様な見解が論じ続けられている。

脳死をめぐる実際の議論においては賛否両論あるが、一つの典型的な語られ方がある。たとえば、小松美彦を代表とする「生命倫理会議」は今回の法改正を批判し、「「脳死＝人の死」であるとは科学的に立証できていない、という最も重大な事実が省みられなかった」という声明を国内の哲学者、倫理学者、法学者などの専門家七十一名の連名で発表した。(2) これに対して、脳死肯定派の医学関係者の発言には「医学的に脳死は死である」(3)、「脳死は人の死で、これは社会的あるいは倫理的問題とは無関係である」(4)という見解を示すものがあった。

これらは脳死問題をめぐる反対派・賛成派の主張の一例であるが、両派の対立にもかかわらず共通する大前提がある。それは、「人の死」が科学ないし医学によって証明できる性質のものであるという前提である。科学とは一般に「自然科学」すなわち、自然界の諸現象（事実）の探究、世界における諸対象がいかにあるかを記述し説明する学問一般を指し、人体に関する事実（現象）の探究の学として、医学も自然科学の一種に分類される。脳死をめぐる議論において、「人の死」の問題を科学、医学の問題として捉えるのは脳死賛成派反対派に共通な一つの典型的な見方である。

たしかに、脳死は私たちの脳に関する科学的・医学的な知見と関連するし、さらに脳死判定も医師が行なうものである。それゆえ、この前提を当然と思うかもしれない。もしこのような理解が正しく、「脳死＝人の死」が科学の問題であるなら、「脳死は人の死か」という問いに対する正しい答えは将来のより正確な科学的探究によって発見・証明されるだろう。その場合、脳死問題は本来倫理学とは無関係であり、倫理学がその問題に口を挟むこと自体がお門違いなことであろう。

しかし、上記の意味で脳死をめぐる議論は混乱に満ちている。それは、問題に対する具体的な主張の混乱というよりはむしろ、議論の大前提となる「脳死＝人の死」問題の理解そのものの混乱である。「脳死は人の死か」とはどのような問いなのだろうか。そしてそもそも「人の死」とは何なのか。科学が人の死を知ることができるのだろうか。

†事実からすべきことが分かるのか

自然科学と「人の死」という特殊な問題は、自然科学と倫理学、あるいは事実と倫理（価値）という、より一般的なテーマのなかに位置付けることができる。事実と倫理というテーマは元々きわめて抽象的であり、メタ倫理学などの主要なテーマとしてこれまで議論されてきた。もちろん抽象的な議論も学問上重要な意味がある。しかしそれが現実の身近な問題に応用できなければ空虚な机上の空論である。

それゆえ本章の目的は、現代応用倫理学などの具体的で身近な問題を「事実と倫理」というより一般的な視点から捉え直すこと、そして同時に「事実と倫理」という問題について改めて考察することである。したがって本章のテーマは「脳死は人の死か」という問いに対する具体的な回答を試みるもの、脳死問題について具体的な態度表明をするものではない。「脳死は人の死か」という具体的な問題そのものの枠組み、意味を捉えることである。事実を知ればすべきこと（倫理）が分かるのか。脳死問題を手がかりに徐々に明らかにしよう。

二　事実を知れば人の死が分かるか

まずは「人の死」の問題について考えよう。科学的な探究によって人の死が分かるのだろうか。事実を調べれば人の死が分かるのだろうか。この問いに答えるために、思考実験をしよう。

† 異星人の思考実験

私たち以上の知性や推論能力をもった、全知の知的生命体が地球にやってくると仮定しよう。その異星人はそこで起こっている出来事を知るためのさまざまな技術や手段（道具）を有し、私たちの社会で起こるあらゆる事実を見通すことができる。そのような異星人が私たちの社会を観察し、そこで知り得たことをすべて一冊の本に書き留める。（ウィトゲンシュタイン　一九七六［1965］参照）

この異星人が書く本のなかに「人の死」という言葉が登場するだろうか。考えてみよう。私たちの人体についてあらゆる知識をもつ異星人は、目の前に横たわる人がどの時点で心臓が不可逆的に停止しているかを正確に知ることができるだろうし、すべての脳機能が不可逆的に停止しているかどうか（脳という器官が死んでいるかどうか）も知ることができるだろう。それゆえ、異星人が私たちの人体に関して知りえることを記述した場合、「この人は心臓が不可逆的に停止した」、「この人はすべての脳機能が不可逆的に停止した（脳という器官が死んだ）」、「この人はすべての臓器が不全を起こした」などが本に書き込まれるだろう。また、このようなことと関連して起こる出来事も観察され、たとえば「心臓が止まった人のそばで何人かの人が涙を流している」、「心臓が止まった人が棺桶に入れられている」、「心臓が止まった人が焼かれている」などと記述されるだろう。

しかし、このような知りえることをすべて書き留めたとしても、これらの記述のなかに「この人は死んだ（死んでいる）」という命題は出てこないだろう。思考実験の異星人は、たしかに私たちの人体に起こる出来事、たとえば心臓や呼吸の停止、脳機能の停止、すべての臓器の機能不全、すべての組織や細胞の壊死や腐敗、白骨化などの一連の出来事およびそれらの因果関係もすべて知ることができる。しかし、このような一連のプロセスをすべて知りえたとしても、そのなかのどの時点で「人が死んだ」と言っていいのか分からないだろう。

思考実験における異星人が知りうることは、事実の探究としての科学（医学）が認識できることと同じである。医学・科学が知りうることは、本当に全脳機能が不可逆的に停止しているか、本当に心臓が不可逆的に停止しているか、などの事実のレベルに属することがらである。しかし、少なくとも臓器移植の文脈における「人の死」は事実ではない。私たちの体に生じる事実をどれだけ正確に知っても、その人が死んでいるかどうかを知ることはできない。事実の探究のみからは「人の死」を知ることができないのである。

†「人の死」は倫理に属する

しかし、このように言うと「現実には医師が心臓の停止（及び呼吸停止・瞳孔散大）や、全脳機能の停止（脳死）の判定を行なっていて、医師はそのような事実を確かめることでその人の死を宣言しているじゃないか」と反論したくなるかもしれない。また、私たちが「なぜこの人が死んだと言えるのか」と問われた場合、「私たちはたとえば「なぜならこの人は何時何分に全脳機能が不可逆的に停止したからだ」と、人の死を成立させる契機となる出来事（事実）をその根拠として答えるじゃないか」、と言いたくなるだろう。このようなことからやはり、事実から人の死を知ることができるじゃないか、と反論したくなるかもしれない。

しかし、医師が心臓の停止や全脳機能の停止によって「人の死」の判定を行なえるのは、そもそも「心臓の不可逆的な停止をもって人の死とする」や「全脳機能の不可逆的な停止をもって人の死とする」などの人の死の定義をすでに原則として前提しているからである。これらの定義を前提しなければどの時点で人が死んだかを判断できない。

では、「心停止＝人の死」あるいは「脳死＝人の死」という死の定義を語る命題とはどのような種類の命題なのだろうか。そのために「人の死」とは何かを考えよう。「人の死」は私たちの社会において実質的にどのような意味をもつだろうか。臓器移植の文脈で言うと、「人の死」とはそれをもってその人からあらゆる臓器を摘出することが許される時点のことを指すだろう。しかし、それだけでなく、その時点をもって生きている人がもつさまざまな権利をその人が失う、家族はその人から遺産や生命保険を受けとることができる、その人を解剖してもよい、その人を火葬してもよい等々さまざまなことを意味する。これらは、「〜してもよい」、「〜すべき」等の、権利、義務など私たちの行為の規範に関わることである。このような意味がなければ、私たちは「人の死」の時点を確定する必要はなく、どの時点で人が死んだことになってもほとんど困らないだろう。現実の社会において「人の死」はこのような行為規範の短縮形として機能している概念であり、単なる人体の特定の状態に付けられた呼び名やそのような状態の説明ではないのである。

そして、規範を意味する倫理的な概念である「人の死」を述語としてもつ命題、「心停止は人の死である」や「脳死は人の死である」もまた規範を語る命題である。その規範とは、たとえば「全脳機能が不可逆的に停止したものから私たちは臓器を摘出してもよい」という私たちの行為に関する倫理的な規範である。一般に倫理的命題（規範命題）というと、「人を殴るのは悪い」、「困っている人に親切にすべきである」など、「よい／わるい」、「〜すべき／すべきでない」等を述語にもつ命題のみと考えるかもしれない。しかし、「〜は人の死である」、「〜は死んでいる」などの「人の死」を述語としてもつ人の死の定義もまた倫理的命題なのである。

† 倫理原則が先行する

ここで、なぜ事実をいくら調べても「人の死」が分からないのか、という問いに、「人の死」は倫理的概念であり、「人の死」を定義する命題が倫理的命題だからであると答えることができるだろう。

現実には医師が心停止（呼吸停止・瞳孔散大）や脳死の判定を行ない、「人の死」の判定を行なっているが、それが可能となるのは、「心臓が不可逆的に停止した者は死んでいる」あるいは、「全脳機能が不可逆的に停止した者は死んでいる」という「人の死」に関する倫理原則があらかじめ前提されているからである。そして、このような原則の前提なしには、「心臓が不可逆的に停止した」、「全脳機能が不可逆的に停止した」という事実の記述はできても、それらの状態をもって人が死んだとは語ることができない。「人の死」について、それがどのような状態のことを指すかを定義する倫理原則が決まって初めて医師は特定の状態にある人を「死んだ」と言うことができるのである。

三　科学が立証する事実／私たちが選ぶ規範

†事実と倫理的概念の結びつき

しかし、ここで「「心臓が停止した人は死んでいる」あるいは「脳機能が停止した人は死んでいる」がそれ自体倫理的命題であることは認めるが、この命題はやはり「心臓が停止した」という事実や「脳機能が停止した」という事実から「人の死」という規範を導くことで成立しているのではないか」と言いたくなるかもしれない。ある出来事が起こったからある倫理的な状態が生じる。このように考えた場合、やはり私たちは事実から規範命題を導いていると言いたくなるかもしれない。

これまで倫理的な原則として位置付けた「全脳機能が不可逆的に停止したら、その人は死んでいる

（その人から臓器摘出してもよい）」において、その命題の前半部分は事実であり、後半部分は倫理的概念である。この両者はどう関係するのか。これらの命題は、事実から規範を導くことによって成立しているのか。これらの命題の内部構造を明らかにしよう。

ある人が「死んだ」と言えるためにどんな事実が要求されうるかについて考えてみよう。現実的には次の二つが候補となりうるだろう。

「全脳機能が不可逆的に停止したら、その人は死んでいる」
「心臓が不可逆的に停止したら、その人は死んでいる」

これらは「人の死」を現実に適用するための原則的な倫理的命題であるが、「全脳機能が不可逆的に停止する」、「心臓が不可逆的に停止する」のどちらの事実をもって「人の死」としても矛盾は生じない。またどちらの事実についても、そこから必然的に「人の死」の定義が出てくる訳でもない。「人の死」を語る原則的な倫理的命題において、事実と倫理的概念の結びつきは必然的（論理的）ではなく偶然的である。

†「人の死」は私たちが決める

ここから、「人の死」が成立するための基準として、たまたま私たちの社会で「心停止」もしくは

「脳死」という事実が選ばれているにすぎないということが分かるだろう。どちらの事実が「人の死」としてよりふさわしいかは事実の探究のみから決めることができない。つまり、どのような事実をもって「人の死」という倫理的状態が生じるとするか、どのような原則的な倫理的命題を採用するかは、私たちの思想や社会的な取り決めに依存する。(5)

脳死の問題は社会的コンセンサス、社会的合意の問題としばしば言われるが、それは「人の死」問題が私たちの社会がどのような死の定義を採用するかという社会的選択の問題だからである。私たちの身体に生じるさまざまな出来事のプロセスのうちで、私たちがもはや生きている状態とは言えないと考える特定の出来事をもって「人として死んだ」とみなされ、その時点が生／死を分ける時点として規定される。「脳死は人の死である」、「心停止は人の死である」という規範は、「全脳機能の不可逆的停止でもってその人を死んだと「みなす」」、「心臓の不可逆的停止をもってその人を死んだと「みなす」」ことによって可能となる。この「みなす」ということそれ自体が「人の死」が私たちの規範選択に属することを物語っている。

† 脳死論争は倫理原則に関する論争である

ここから「脳死は人の死か」という問いの次元、「脳死＝人の死」か「心停止＝人の死」かという論争の意味を捉えることができるだろう。脳死に反対する者が「脳死の人はまだ心臓が動いているじゃないか。なのになぜそれが人の死と言えるのか」と反論しているのをよく耳にするだろう。心臓が動いている人を死んだ人とはみなせないのは、「心臓が動いているうちは人は生きている」という考え、「心停止が人の死である」という規範を前提しているからである。つまり、脳死の是非をめぐる論争は、このような「人の死」をめぐる大前提となる倫理的な原則の選択に関する論争であり、事実問題（科学の問題）についての論争ではないのである。

倫理原則内部における事実と倫理的概念は、事実から倫理的命題（概念）が論理的に導出される関係にはない。すなわちこの倫理原則は分析命題ではない。冒頭で確認したが、「人の死」の問題が科学（医学）の問題であると主張されるとき、それが科学によって「立証される」問題として語られる。しかし、「人の死」とはそもそも何らかの事実の探究によって「証明」されたり「発見」されるような科学的真理ではない。そうではなく、「人の死」の定義は私たちの選択や社会的な取り決めによって事実に倫理的概念を結びつけた綜合命題である。私たちがいつ死ぬかかは、事実（科学）により立証されるのではなく、私たちの社会的な規範の選択によってつくりだされるのである。

四　事実と倫理

† 事実と倫理の次元の峻別

これまでの考察は「事実と価値（倫理）」、「である（is）とべき（ought）」等とも言い換えられる、倫理学の基礎に関わるより大きな射程のうちに位置付けることができる。伝統的に、事実（である）から価値（べき）を導くことはできないことが定説とされている（ヒューム 一九五二［1740］）。「事実」とは、私たちが見たり聞いたりする経験を通じて記述されるものであり、そのような事実の記述は「事実命題」や「である命題」等と言われる。そして「価値命題」を、私たちの行為を「よい／わるい」と評価したり、私たちの行為を「〜してもよい」（権利・自由）、「〜すべし／すべきでない」（義務）などのように規定する倫理的命題（規範命題）と考えよう。事実命題は「世界がいかにあるか」を記述し、倫理的命題は「私たちがいかに行為すべきか」を語る。事実命題から倫理的命題は導かれない。

このことを確認するために、ひとまずもう一度先の思考実験に戻って考えよう。あらゆる事実を知ることができる全知の異星人が観察によって得られない知識とは、私たちの社会における倫理的な規範、倫理的な規範命題である。

全知の異星人が私たちの社会を観察し、記述したとき、そこで起こる出来事として、たとえば誰かが誰かを「殴る」という行為も記述される。そのことに関して、「いつどこで誰が誰にどのように殴られた」、「被害者は殴られないよう抵抗した」などの事実や「加害者が殴ったのには〜という動機・目的があった」、さらには「被害者は殴られたくないと感じた」、「人びとは暴力に怒りを覚えている」などの私たちの心のうちに起こる出来事も含むだろう。

しかし、このような起こった出来事（心理的事実も含む）をすべて詳細に列挙しても、そこには「人を殴ることは悪い」や「人を殴るべきではない」等の倫理的な命題は登場しないだろう。また「A君がBさんを殴った」という事実や、その事実に際したときの「私たちは殴られたくないと感じた」などの心理的な事実をいくら分析しても、それのみでは「人を殴ることは悪い」という倫理的命題にはたどりつかない。事実をどれだけ記述しても、そこから倫理的な命題は帰結されない。それは、ある行為がいいことか悪いことか、すべきことか否かは私たちの経験のうちには現われないからである。同様にある人が「~する権利をもつ」や「~する義務を負っている」などを含む命題も現われないだろう。異星人があらゆる事実を一冊の本に書き留めたときに、書かれないものとは倫理的な規範命題である。(6) もちろん、「悪い」、「すべきでない」等の概念のなかにも、そこに「人を殴ること」は含まれていない。事実と倫理の次元は相互に独立である。

このような事実と価値の次元の峻別は、事実についての探究としての自然科学の領域と、私たちの行為規範を語る倫理の領域を明確に区別することをも意味する。再び「人の死」の問題を例に自然科学と倫理の領域について考えよう。

† 倫理的概念と倫理的命題

一般に自然科学においては、「概念」を用いて「事実命題」が構成され、それによって特定の事実を記述したり説明する。自然科学は「概念」を用いることによってさまざまな現実を記述したり、出来事の因果関係を説明したりできるようになる。たとえば「脳死」という概念を用いることによって、「全脳機能が不可逆的に停止している」という現実を簡潔に記述することができるようになる。また、出来事の因果関係を突き止めることによって、脳がどのような状態になれば全脳機能が不可逆的に停止するかを知ることもできる。日本で採用されている「脳死判定基準」は、具体的には、①深昏睡、②自発呼吸の消失、③瞳孔固定、④脳幹反射の消失、⑤平坦脳波、⑥その条件が満たされた後の六時間以上の時間経過の後の無変化であるが、これらは私たちの体にどのようなことが起これば全脳機能が停止しているかという事実の次元に属する基準であり、科学、医学の探究によって証明されうる領域である。

しかし、これに対して「人の死」とはすでにみたように私たちの行為の規範を規定する概念である。このような倫理的概念（規範概念）が一般の概念と区別され、倫理的概念を述語としてもつ倫理的命題（規範命題）が事実命題と区別される。「倫理的概念」を用いて「倫理的命題」が構成され、それによって、事実の記述や説明ではなく、私たちの行為が規定される。

すでに検討したように、「人の死」は私たちの行為規範、たとえば「人の死＝その人から臓器摘出してもよい」を意味する概念であるが、しかしこのような「人の死」という規範概念の意味を確定するだけでは実践的にどのような人が死者としての扱いを受けていいのか分からず、実践に適用できない。それゆえ、「全脳機能の不可逆的停止」や「心停止」などの特定の事実と結びつけることで、実践的な意味をもつ規範命題となる。

倫理的概念の意味

「人の死＝その人から臓器摘出してもよい」

原則的な倫理的命題

「全脳機能が不可逆的に停止した〈事実〉ら、その人は死んでいる（その人から臓器摘出してもよい）〈規範概念〉」

あるいは

「心臓が不可逆的に停止した〈事実〉ら、その人は死んでいる（その人から臓器摘出してもよい）〈規範概念〉」

† 自然科学にできることとできないこと

「脳死の定義」や「脳死判定基準」は事実の記述や説明に関わり、自然科学（医学）が扱う領域に属する。「脳死判定基準」に対して、本当にこの基準を満たせば全脳機能が不可逆的に停止していると言えるのかという議論はありうるが、これも脳の状態という事実の次元での議論である。それに対して、「脳死＝人の死」あるいは「心停止＝人の死」という「人の死の定義」は事実を記述するための定義ではなく、私たちの行為を規定する規範についての取り決めであり、これは倫理の領域に属する。本章冒頭で「人の死」問題についての典型的な見方について触れたが、「人の死」を自然科学（医学）の問題と捉えるのは、次元の異なる二つの領域の混同である。

もちろん、科学者（医学者）が「人の死」の問題について発言することを非難している訳ではない。

科学者（医学者）が科学（医学）の知見をきっかけに「人の死」の問題について発言してもまったく構わない。しかし、それはあくまでも科学者（医学者）が倫理的な原則の領域について発言しているのであって、「人の死」が科学（医学）の問題ということではないのである。

先にも触れたが、「人の死」を述語とする命題には「よい／わるい」「べき」「権利／義務」などの言葉が見あたらず、「〜である」という形式をもつ。それゆえ、事実命題であり、科学の問題に属するように思えてしまうかもしれない。しかし、すべての「である」命題が事実命題である訳ではないのである。

五　「である」から「べき」を導出できるか

†「である」から「べき」を導出できるとする主張

これまでの考察で扱った具体例は、「人の死」や「〜はわるい」、「〜すべきでない」などを述語にもつ命題であった。しかし、事実からすべきこと（規範）が導けないという主張に対して素直に納得できず、事実から「べき」を導くことができる具体的なケースもあるのではないか、と考えたくなるかもしれない。

たとえば、A君は「Bさん、あなたに食事をおごると約束する」と言ったのだから、A君はBさんに食事をおごることを約束した、食事をおごると約束したのだから、A君はBさんに食事をおごるべきである。たしかにこのように考えると、「～と言った」という事実から「おごるべきである」という規範命題が論理的に導出されたように思えそうである。

このような例をもとに、「である」から「べき」（事実から価値）が導出可能であるとする主張が実際になされた（サール 一九八六［1969］）。それを簡潔に書くと以下のような推論になる。

命題1「「Bさんにxすると約束します」とA君は言った」
命題2「A君はBさんにxすることを約束した」
命題3「A君はBさんにxすべきである」

命題1「「Bさんにxすると約束します」とA君は言った」は、A君がある発言をしたという現実の出来事を記述した事実命題であり、命題3「A君はBさんにxすべきである」は「べき」を語る倫理的命題である。この推論が成立するならば、事実命題のみから規範命題が論理的に導出可能であり、「事実」から「価値」が導けないという伝統的な倫理学説に例外があったこと、あるいはそれが誤りであったことが証明されるだろう。

しかし、はたしてこのような主張は正しいのだろうか。そもそもこの推論のキーワードである「約束」とは何だろうか。検討しよう。(7)

†「約束」は事実ではない

まずはこの推論のキーワードである「約束」の意味を考えよう。「約束する」とは、他者に対して「べき」（義務）を引き受ける倫理的な関係を結ぶこと、相手に対して将来の自分の行為が拘束される状態をつくり出すことである。「約束する」とは観察によって記述可能な事実の次元を超えた関係、「べき」という規範によって将来の行為を規定する状態をつくり出すことである。

誰かに「あなたは私にxするって約束したじゃないか」と詰問する場面を想像して欲しい。このとき何を主張しているのだろうか。これは単なる過去の出来事の確認ではなく、むしろある出来事によって相手が「私にxする義務を負っている（べきである）」状態にあることの確認であろう。つまり、この詰問はある時点で起こった出来事を単にそれとして記述しているのではなく、あなたが私に対して約束という関係（義務を負う関係）にあることの確認、要するに「私にxすべきである」ことの確認、「私にxせよ」という実践的な行為の要求である。私たちは現実社会で「約束すること」を事実の記述として考えてはいないだろう。

それにもかかわらず「約束」をやはり事実の記述と考えたくなるかもしれない。なぜなら、私たちは特定の時点・地点で起こった一つの出来事のように「私は、いつ・どこどこでBさんとxする約束をした」と語る習慣があるからである。しかし、「xする約束をした」「xする約束をしている」はどちらもある時点から「xすべきである」という義務（べき）を負った倫理的状態のうちにあることを、そして「xする約束をしていた」は過去にそのような関係にあったが現在すでにそのような関係が解消されていることを、さらには「xする約束をするだろう」「xする約束をするだろう」は未来にそのような倫理的状態を他者と結ぶことの予言としての意味をもつだろう。やはり「約束した」はある時点に生起した特定の出来事の記述ではない。

ここから、命題2「A君はBさんにxすることを約束した」の身分が明らかとなるだろう。先ほどの思考実験を思い出そう。異星人が世界の出来事を一冊の本に書き留めたとき、命題1「「Bさんにxすると約束します」とA君は言った」という命題はA君がある発言をしたという事実として書き込まれるだろう。しかし、命題2「A君はBさんにxすることを約束した」という命題はこの本に書き込まれない。A君とBさんが約束という関係にあるか否か、A君がBさんに義務を負っているか否かは、出来事を観察しても分からないからである。命題2「A君はBさんにxすることを約束した」は事実の記述ではなく倫理的命題である。

†「「約束する」と言った」から「約束する」は帰結しない

「約束」が「べき」を含意する倫理的概念であるということをふまえた上で、問題の核心に移ろう。命題1「「Bさんにxすると約束します」とA君は言った」ということそれ自体はたしかに特定の出来事であり事実であるが、その事実のみから命題2「A君はBさんにxすることを約束した」は論理的に導出できない。導出できるとすれば、それは「「Bさんにxすると約束します」とA君が言ったら、A君はBさんにxすることを約束する」という倫理的なルールを原則的なレベルでの大前提としているからである。確認しよう。
先ほど、「全脳機能が不可逆的に停止したら、その人は死んでいる（その人から臓器摘出してもよい）」、「心臓が停止したら、その人は死んでいる（その人から臓器摘出してもよい）」などの命題を倫理的命題と理解した。それとまったく同様に、「約束」の推論において大前提となる「「Bさんにxすると約束します」とA君が言ったら、A君はBさんにxすることを約束する（xすべきである）」も、「約束」という倫理的な状態の成立を規定する倫理的原則である。
この倫理的原則の内部構造も「人の死」の場合と同様である。「約束」はその意味として義務「べき」を含む倫理的概念であり、「A君はBさんにxを約束する＝A君がBさんに対してxすべきである」は倫理的概念の意味を語る命題である。しかし、倫理的概念の意味は「約束」の形式的意味なので、これだけでは現実のどのような場合に約束したと言えるのかが決まらず、これだけでは現実に適用できない。そこで、何らかの事実との結びつきによって実質的に適用可能な原則的な倫理的命題ができる。

倫理的概念の意味

「A君はBさんにxを約束する＝Bさんは A君に対してxすべきである」

原則的な倫理的命題

「「Bさんにxすると約束します」とA君が言った〔事実〕ら、A君はBさんにxすることを約束する〔倫理的概念〕」

私たちの社会では、「約束」が成立するための基準となる事実としてたまたま「「約束します」と言うこと」が選ばれているにすぎない。「A君はBさんとxを約束する」、が言えるために要求される事実を考えてみると、ほかにもたとえば「A君がxすると書いた文書（誓約書）をBさんに渡す」、「A君が目をつぶり胸に手を当ててBさんに対して発言する」等を挙げることができるだろう。これらのどの事実が「約束」が成立するための条件として採用されていても矛盾は生じないし、さらにこれ以外の事実をもって「約束」したと考えることも可能である。

つまり、どのような事実をもって「約束」という倫理的状態に入るとみなすか、どのような原則的な倫理的命題を採用するかも、私たちの社会的な取り決めや慣習に依存する。倫理原則における事実と倫理的概念の関係は、事実から倫理的命題（概念）が論理的に導出される分析命題ではない。すると、「である」から「べき」を導けると主張する推論は、実は倫理的な原則を大前提として密輸入する以下のような推論であることが明らかとなる。

「「Bにxすると約束します」とAが言ったら、AはBにxすることを約束する」〔大前提：倫理的原則〕

命題1「「Bにxすると約束します」とAが言った」〔小前提：事実命題〕
命題2・命題3「AはBにxする約束した＝AはBにxすべきである」〔結論：倫理的命題〕

より高次の倫理的原則を大前提としない限り、事実命題1のみから倫理的命題3を導くことはできない。反論の試みは上手くいかず、やはり事実命題のみから倫理的命題は導けないのである。

六　身近な倫理

† 身近な倫理的概念

ここまで「人の死」や「約束」について考察したが、実際に私たちが使用している一見事実命題の外見をもつ概念や命題のなかにも実は倫理的概念、倫理的命題が数多くある。たとえば「結婚」や「成人」などがそうである。「A君は（Bさんと）結婚した」、「A君は成人である」などの命題は一見事実を記述した事実命題であるようにみえるが、実は事実命題ではなく、倫理的命題である。

「成人」は事実的な概念ではなく、たとえば「タバコを吸ってもよい、お酒を飲んでもよい、選挙権をもつ」等々、私たちの行為を規定する規範概念である。「結婚」概念は、たとえば「結婚した者は、どちらかが名字を変えなければならない、他者と肉体的関係を結んではならない、どちらかが死んだときには特定の財産を受けとることができる、二人の間に授かった子どもを扶養しなければならない」等々、「〜しなければならない」、「してもよい／してはいけない」などの私たちの行為を律する倫理的意味をもつ。

しかし、これだけでは倫理的概念をいくら分析しても、現実のどのような場合に人が「結婚した」「成人である」と言えるかどうかは分からない。それゆえ、特定の事実にこれらの倫理的概念を結びつけることで原則的な倫理的命題となる。

私たちの現実の社会で採用されている結びつきを例にとると次のようになる。

「同意に基づいた婚姻届が受理された者同士〔事実〕は、結婚している〔倫理的概念〕」〔倫理的命題〕

「二十歳になった者〔事実〕は、成人である〔倫理的概念〕」〔倫理的命題〕

ここでも特定の事実に何らかの倫理的概念を結びつけるのは、私たちの社会の取り決めや慣習である。たとえば、どんな事実をもって「A君とBさんが結婚した」と言えるかについて、さまざまなルールが可能であろう。たとえば、「同意に基づいた婚姻届が受理された者同士は、結婚している」、「結婚が両親に認められた者同士は、結婚している」、「婚姻の儀式を終えた者同士は、結婚している」などである。「成人」でも同様である。私たちの社会では「二十歳以上の者」を「成人」とみなしているが、「十八歳以上の者」でも、あるいはもっと別の基準をもって「成人」とみなしても何の矛盾もない。

どのようなときに「A君とBさんが結婚した」、「A君は成人である」と言えるかは、特定の事実のみから直接には導出されない。特定の事実をもって「結婚した」、「成人した」とみなす倫理原則の社会的な取り決めがなされて初めて、「A君とBさんが結婚した」、「A君は成人である」という倫理的状態が成立するのである。

† 事実を知ってもすべきことは分からない

これまで「約束」、「人の死」、「成人」などの具体的な問題を事実と倫理という観点から整理した。本章のタイトル「事実を知ればすべきことが分かる？」に改めて答えるとすれば「事実を知ってもそれのみからすべきことは分からない」である。事実をどれだけ正確に集めてもそこから直接規範命題は出てこず、さらなる大前提となる原則的な規範命題を前提しなければ事実命題から規範命題は導出できない。

このような考察によって、事実の探究としての自然科学の領域と行為の規範についての倫理との境界もまた明らかとなるだろう。応用倫理学において現代社会で問題となりうるさまざまな具体的な制度や規範の是非が問われ、さまざまな正当化が試みられている。もちろん、そのとき事実についての知見も重要な意味をもつ。しかし、規範の正当化はなんらかの事実（科学的な探究）から論理的に導出される性質のものではない。私たちはこれらの議論において、事実や行為に対する価値判断を行なっているのであり、どの規範をよしとするかという制度「選択」の正当化の議論を行なっているのである。

† 私たちは規範のネットワークのなかで生きている

今まで挙げた例以外にも、私たちのまわりには倫理的概念があふれている。義務や権利などを実質的に意味する概念、たとえば「大人／子ども」、「社長」、「首相」、「婚約」、「離婚」などもそうである。このほかにもどのような概念が倫理に属するのか検討して欲しい。私たちは新聞やニュースなどでこれらの言葉を絶えず耳にし、「誰々が首相に就任した」「誰々が結婚した」などの情報をキャッチするだろう。新聞やニュースは出来事（事実）だけを伝えていると思いがちであるが、実はこれらの報道はそのような人びとがもつ倫理的な関係や有り様を報じているのである。倫理は必ずしも「〜べき」「〜はよい／悪い」などの述語をもつものとは限らない。私たちはさまざまな規範のネットワークのなかで生きているのである。

（1）改正臓器移植法の理解については、新名・林・寺田（二〇一〇）を参照。
（2）「生命倫理会議」「参議院A案可決・成立に対する緊急声明」、二〇〇九年七月十三日、http://seimeirinrikaigi.blogspot.jp/2009/07/blog-post_8864.html（二〇一三年一月七日アクセス）。
（3）参議院厚生労働委員会議事録 09/7/2［133］、参考人、寺岡慧（日本移植学会理事長）の発言。

（4）参議院厚生労働委員会議事録 09/7/6［043］、島崎修次（財団法人日本救急医療財団理事長・杏林大学医学部救急医学教授）の発言。
（5）だからといって、たとえば「骨折＝人の死」は候補となり得ないだろう。「人の死」は「人が生きている」とは何かについての思想に基づいている。
（6）書かれないものとして、このほかには論理学の命題やいわゆる形而上学の命題が挙げられる。詳しくはウィトゲンシュタイン 一九七五［1961］参照。ウィトゲンシュタイン解釈については細川（二〇〇二）を参照。
（7）サール批判の詳細については林（二〇一三）を参照されたし。

第3章　家族の問題に口出しすべきじゃない？

野見山待子

一　家族のなかでどうして悲劇が起こるのか

† 大阪府門真市の虐待死事件

二〇一〇年十一月、大阪府門真市の自宅で九月に十七歳女性が変死した事件で、彼女の姉とその交際相手が逮捕されニュースになった。その後、実は二〇〇八年五月以降から当時中学三年生だった彼女の担任が、彼女の顔のあざや頭の傷を確認し、何度か家庭訪問をしていたことが分かった。また、その年の九月には「見知らぬ男に殴られた」と本人が被害届けを出し、門真署が捜査したことも分かった。さらに同月、頭にけがをした彼女を診察した医師が傷の状態がおかしいと同署に通報し、それを受けて大阪府中央子ども家庭センター（児童相談所）が二〇〇九年一月までに本人と五回面談をしていたことも分かった。にもかかわらず、彼女は姉とその交際相手のことを一切語らなかっただけでなく、その後も死ぬまで姉とその交際相手との関係を続けたのだ。

姉とその交際相手は生活保護を受けながら別のところに部屋を借りていたが、実際は彼女の住む実家の離れで生活していた。そして、彼女のアルバイト代や彼女に盗ませた父親の通帳からお金を引き出して生活していた。

実の姉が実の妹を奴隷のように支配し死に至らしめた衝撃と、一緒にいた父親が気づかなかったという衝撃と、そんな状況にもかかわらず十七歳の彼女は家を出て行かなかったという衝撃で世間は騒然とした。だが、家族なのに、なぜこのような悲劇が起こったのだろうか。

†家族のなかに法は介入しない

このような悲劇は、実は、「家族」の名の下に隠されて多く存在する。現に、親が子どものためにと身体的・精神的体罰を加え、虐待にまでいたるケースをあなたも知っているだろう。しかし、私たちが本当にその悲劇を知ることになるのは、家族のなかの誰かが死ぬなどといった大事になってからだ。それはなぜだろうか。

個人対個人の間でたとえば暴力が行使された場合、法は介入してくる。一方で、家族のなかで暴力が行使された場合、たとえば「お前のためを思って殴った」とか、「殴られて親の愛情が身に染みた」といった場合、その暴力の是非は家族の自由な判断にまかされている。家族のなかに法は介入しない。しかも、家族の問題は、私的領域であるという理由で、家族の外の人間の目には触れることはない。家族の外の人間に知られる場合というのは、それは先の門真市の事件のように、死などの重大な結果がもたらされた場合のみだ。

私たちの多くは、家族ならば愛情から結びついているのが当たり前で、愛情からそれぞれの役割や義務を果たしているし、果たすべきだと思っている。だから、場合によっては、「お前のためを思って」といって殴ったり、殴られて「愛情を感じる」ということが、家族なのだからあると思っている。そしてまた、家族なのだから、家族の問題は家族同士で解決するのが当たり前だし、そうすべきだとも思っている。家族の問題に家族の外の人間が口出ししたりするのは、大きなお世話だと思っている。実際、国家も、家族の問題に介入することはなかった。家族は私的領域であって、私的領域に法は介入しない。そうやって家族の問題は家族の自由にまかされてきたのだ。しかし、だからこそ、死などの重大な結果がもたらされない限り、家族のなかの問題は家族の外の人間の目に触れることもなく、家族のなかに放置されてきたともいえるのではないだろうか。

†　法の不介入によって起こる悲劇

法が介入しない家族のなかはその意味で「無法地帯」といえよう。そこに存在するのは既存の家族規範や、家族内の力関係である。子どもの躾《しつけ》は親がすべきだとか、年老いた親の介護は子どもがすべきだなどといった、家族の一人ひとりの行為を方向付け、家族のあり方を規定する規範や、養育するものされるもの、介護するものされるものといった力関係である。しかも、私たちの多くは、育児も介護も家族の問題であって家族以外の人間にまかせたりすべきものではないと思っている。

しかし、家族のなかに閉じてしまっているこの家族規範や力関係が、自由な私的領域であるといわれている家族のなかに悲劇を生んでいるのではないだろうか。子どもの躾は親がすべきであるということから児童虐待が生じ、年老いた親の面倒は子どもがみるべきであるということから介護共倒れが生じるといった具合である。「家族なのだから」ということでさまざまな問題を家族が抱え込む。そしてその結果、家族の一人ひとりが、その生き方を家族規範や力関係に規定され、方向付けられる。

従来、家族は私的領域であり、法が介入しない自由な領域だと考えられてきた。しかし、法が介入しないことで、家族が自由になるどころか、かえって家族のなかの一人ひとりが既存の家族規範や家族内の力関係に縛られてしまって不自由になってしまっているのではないだろうか。先の門真市の事件でも、亡くなった十七歳の女性本人が家族から暴力を受けていることを認めないからという理由で、行政は積極的にこの家族に介入することはなかった。家族の問題を家族の自由にまかせたことで、結果彼女は死に至ることになったとはいえないだろうか。なぜなら、彼女が本当に自分の人生を生きる自由な存在であれば、そこから逃げ出すこともできたであろうから。

以下では、今まで私的領域ということで法が介入してこなかったことが、かえって家族を既存の家族規範や家族内の力関係によって不自由にしているということ。そして、むしろ、家族のなかに法が介入することによって、家族の一人ひとりが既存の家族規範や家族内の力関係に規定されることなく、自由に自分の人生を生きることができるのではないかということをみていくことにする。

二 「法への依存」による自由

† 法が私たちの自由を奪うという考え

一般的に自由とは、「何ものにも縛られないこと」という理解がある。だから、干渉されたり、妨害されたりすると自分の自由が奪われていると私たちは感じる。あなたの自由を奪うもの、たとえば「校則」などはその例だろう。もっと自由な服装にしたいのに制服が決められていたり、帽子などかぶりたくないのに登校時の戴帽が決められていたり、髪形も自由にできなかったり、靴下の色まで指定されていたりと、校則はあなたの自由を奪ってきたのではないだろうか。規則やルール、法や制度は、私たちに干渉してきて、私たちの行動を制限する。つまり、法は私たちの自由を奪うものであると考えられている。

「リバタリアニズム（自由至上主義）」は、個人の自由を最大にするために、国家が個人の自由な生活に介入することを否定する。国民に対する国家の介入、すなわち法の介入は、国民の自由を制限するものだ。だから、法は最小限にすべきであり、あとは国民の自助努力にまかせるべきだと考えている。自分のことを自分で決め、為すことができることはいいことであり、そうする自由を私たちはもっている。そこに私たちの自由を制限する国家の介入はあってはならないという考えだ。しかし、私たちの生活のなかに国家（法）が介入しなければ、本当に私たちは自由でいられるのだろうか。

†「人間への依存」が私たちの自由を奪うという考え

「リバタリアニズム」は法の介入が私たちの自由を奪うと考えているが、法が介入しないことで生じる「人間への依存」こそが私たちの自由を奪い、人間社会を惨めにしていると語ったのはフランスの思想家ジャン＝ジャック・ルソー(1)である。

ルソーによれば、人間は本来自由な存在であるが、現実の人間社会を見渡してみると、自由なはずの人間たちは相互に依存しあい、支配と従属の状態にあるというのだ。支配と従属の状態を、たとえば「独裁者と人民」で考えてみよう(2)。人民は独裁者によって支配されており、独裁者によってその生き方を規定されている。一方、上に立っていると信じている独裁者も、人民の情念や意向にその生き方が規定されており、人民の意向を無視できない。つまり、独裁者も人民も、自分の生き方を他の人間に依存しているという「人間への依存」状態にある点で、両者ともに自由がないのだ。

また、自分の生き方が他の人間によって規定されるということは、そこに法（秩序）がないということでもある。要するにルソーは、自分の生き方を他人が左右する「人間への依存」という無法（無秩序）のなかでは、私たちに自由はないというのだ。では、どうすれば、「人間への依存」から解放され、私たちは自分の生き方を他人に左右されずに生きることができるのであろうか。

†「人間への依存」から「法への依存」へ

「人間への依存」の状態にあるものには自由がないとルソーはいう。それは、自分の生き方を他人に左右されるからだ。そこでルソーは、「人間への依存」を解消するために、「人間のかわりに法を置く」という「法への依存」を打ち立てた(3)。

「人間のかわりに法を置く」とは、自分の生き方が他の人間に左右されるという無法（無秩序）の状態を、法（秩序）のなかへと転生させるということだ。つまり、他人が個人の生き方を規定する「人間への依存」の状態から、法が個人の生き方を規定する「法への依存」の状態へと私たちを置こうというのだ。人間に依存してしまうと、他人によって自分の生き方が左右されるので、そこには自由はない。しかし、法に依存すれば、すべての人が法によって自分の生き方を決めることができるようになる。ルソーは、私たちの営みのなかに法を介入させることによって、他人によって自分の生き方が左右される「人間への依存」を解消することを求めた。「法への依存」が「人間への依存」を解消し、私たちを自由にするのだ。

ところで、この法の介入による自由ということが、家族のなかに関しては見落とされてきた。家族は私的領域であるということで、法が介入してこなかったからだ。その結果、家族のなかは「無法地帯」となり、「人間への依存」が強められてしまっている。たとえば、自分が親であるとか、子どもは保護されるべき弱いものであるといった法以外の規範や力関係によって、子どもの世話をしなければならないのは自分だといった具合に、親の生き方が子どもによって規定される。そして、それが強まれば、躾のためだとして暴力をふるう虐待にまで至る。

こういった子どもたちを虐待から守るために、二〇〇〇年十一月に「児童虐待の防止等に関する法律（児童虐待防止法）」が施行された。この法律の制定によって、今まで放置されてきた家族のなかの依存関係に法が介入することとなった。その後の二度にわたる改正を経て、児童相談所は今や、保護者が家庭訪問や調査を拒み、出頭にも応じない場合には、家庭裁判所の許可のもと最終的には開錠まで可能な実力行使としての「臨検・捜査」を行なう権限も担うようになった。そのような法整備のなか、厚生労働省の発表によると、二〇一一年度中の全国二〇五か所の児童相談所が対応した児童虐待相談対応件数が、震災の影響が甚大であった宮城県、福島県、仙台市を除いた集計の結果、五万五一五二件で、法制定後で問題意識が高まっていた平成十二年度の一万七七二五件を優に超え、過去最高を記録したとのことだ(4)。この数字は、私たちの虐待に対する意識が高まったせいで通報が多くなったとも考えられるが、一方で、児童相談所の権限が強まっても虐待が減らないではないか、むしろ虐待は増えているではないかと分析することもできる。

実は、先の「児童虐待防止法」では、まだ家族のなかの「人間への依存」を十分に解消できてはいなかったのだ。法が、子どもは親といるべきだという既存の家族規範のなかにまで深く介入することができていなかったのだ。実際、二〇一二年四月から民法の「親権制限制度」が改正施行され、家族のなかの「人間への依存」への介入が強められた。[5] どんなことがあっても親は親、やはり子どもには血のつながった、あるいは保護する親が必要だ。そのような既存の家族規範が強固に保持されていたので、先の「児童虐待防止法」では、親子の関係を断つ介入にまで至ってはいなかったのだ。しかし、今回の民法改正で、これまでは「親権の喪失」などを家庭裁判所に請求できるのは子の親族、検察官、児童相談所長だけだったが、「親権の喪失・停止」などを子ども本人と未成年後見人も請求できるようになった。これまでは親権が強力で、保護する親と保護される子どもとの間の「人間への依存」を解消することができなかった。それが、この民法改正により、子ども自身が自分のあり方について法に従って決定することができるようになったのだ。

家族は私的領域なのだから、家族のなかに問題があったとしても家族で解決するものだと私たちの多くは感じているだろう。しかし今や、家庭内のDVや虐待、介護における虐待や介護共倒れなどが問題化しており、家族のなかだけで解決できる問題ではなくなっている。それでも、私たちの感覚として、家族の問題は個人の問題と同様に私的な領域である。その感覚が家族のなかの「人間への依存」を家族の外の人にみえにくくしている。だから、悲惨な結果が生じて初めて「人間への依存」の実態がみえるというのが現状だ。

家族のなかに法を介入させることによって「人間への依存」を解消しよう。法は家族の自由を制限するものではない。むしろ、家族一人ひとりを「人間への依存」から解き放ち、私たち一人ひとりを「法への依存」の下に置き、法に従って自分の生き方を決定することができるようにするのである。

以下の**三**では介護の場面での「人間への依存」から「法への依存」を、**四**では死の場面での「人間への依存」から「法への依存」を、具体的にみていくことにする。

三　介護における「法への依存」

†介護保険制度が親と子どもを自由にする

たとえば、子どもは親の面倒をみなければならないという家族規範に規定された子どもは、介護が必要になった親のために会社を辞めたり、同居を始めたりする。また、親の面倒は子どもがみるのが当たり前という家族規範に規定された親は、子どもに同居を求めたり、就職で実家を離れそのまま戻ってこない子どもを責めたりする。ここで問題なのは、家族規範に規定された依存があるということだ。親が子どもの生き方を、子どもが親の生き方を規定してしまう「人間への依存」が存在するということだ。

「介護地獄」とは、介護を家族だけが負うことによる地獄のことだ。子どもは親の介護をしなければならない。親を老人ホームに入れる子どもは、家族なのに親を見捨てた冷たい子だと世間から非難される。家族なのだから当たり前だと親の介護のために子どもは仕事を辞める。親は親で、家族なのだから子どもが自分の介護をしてくれるものだと考える。そうやって家族同士の依存が強固になる。介護する者の身体的・精神的負担ははなはだしい。また介護される者への虐待などが家族の外に見えない形で行なわれる。それが外に現われるときには、介護疲れの果ての心中や自殺、親殺しといった悲惨な形となって現われる。

そのような「人間への依存」によって引き起こされる悲劇を繰り返さないために、わが国では、一九九四年の細川内閣のときに「新ゴールドプラン」という介護保険構想が策定された（その後一九九七年に国会可決され、二〇〇〇年四月から施行された）。この介護保険制度は、介護を必要とするすべての人が自らで法に従って主体的に必要なサービスを選ぶことができる制度である。これによって、家族が介護をしなければならないという介護地獄から家族を解放し、家族一人ひとりが自分のあり方を考え生きることができるようになるはずだった。しかし、日本の場合、「人間への依存」を強める方向へと向かってしまった。それはなぜだろうか。その理由について、次で確認してみよう。

† 日本の介護保険制度

日本で介護保険制度が導入されて十年近くたった二〇一〇年十二月、秋田県秋田市で、寝たきりだった九十二歳の母親の鼻や口をふさいで六十六歳の長男が殺すという事件が起きた。脊髄を損傷して車椅子生活を余儀なくされた父親の介護を母親とするために、それまで勤めていた会社を辞め実家に戻ったのが二十代半ば。九年前父親が亡くなったのだが、その頃から母親が認知症にかかり、その後寝たきりとなる。父親と母親の介護を続け、気づけば独身のまま六十六歳。彼は約四十年長男として献身的に親の介護をしてきたのだ。その日母親は高熱を出し苦しそうにしていた。何度かくり返す入院で管を通されて延命措置を受けてきた母親の姿を思い出すと「(病院での) 延命措置はだめだ。これ以上苦しませたくない。楽にさせてやりたい」と思い、クッキングペーパーで鼻と口を押さえた。直後、彼は自殺を試みるが死にきれず、自首をする。「兄の言葉に甘えて、まかせっきり」だった東京都在住の三歳離れた妹が、「兄は愛情を持って母を介護していました。天国まで導いてくれたんだと思います。」と裁判で証言した(6)。

たしかに彼は親を「愛情を持って」介護していたのであろう。にもかかわらず、なぜ彼は自分の親を殺すことになったのだろうか。介護保険制度の導入により介護を必要とする人自身が介護サービスを選べて自身の必要を満たすことができるようになっていたにもかかわらず、なぜこういった悲劇が起こったのだろうか。

実は、一九九七年十二月九日、「介護保険法」が国会で可決され、二〇〇〇年度から実施されることになったその矢先の一九九九年五月、当時の自自公連立政権の政調会長であった亀井静香が「子どもが親の面倒をみる美風を損なわないよう、介護している家族に現金給付を」と発言をした。その結果、家族介護への現金給付案が検討され、十月になって外部介護サービスを利用せずに重度の高齢者の介護をしている世帯に介護保険の枠外で慰労金を支給されることが決定されたのだ(7)。名称は「家族介護慰労金」である。

「子どもが親の面倒をみる美風」や「慰労」という言葉から、介護は本来家族愛から行なわれる無償の行為であるべきだという家族規範がみて取れる。そもそも「介護保険制度」は、利用者自身がその制度に従ってサービスを決定する「選択利用制度」である。しかし、利用者が制度に従って自分のあり方を決めるとなると、家族が家族を介護するという美風が損なわれるというのであろう。子どもが親の介護をすべきだという風潮は日本の社会にいまだ根強い。家族の面倒は、やはり家族が見るべきだということなのである。その結果、日本の介護保険は、介護するものと介護されるものとの間にある依存を解消するどころか、むしろその依存を強めるものとなってしまった。

さらに、二〇〇六年、介護保険制度が改正された。この改正で、同居家族のいる要支援の高齢者が訪問介護の生活支援サービスを受けることができなくなった。この「同居」の場合の利用制限で、介護サービスを利用しながら自立して生きるという利用者の主体的生が失われたと同時に、家族の介護負担も増えてしまった。家族を「人間への依存」の介護地獄から解放し、私たち一人ひとりを自由にする「法への依存」のはずだった介護保険制度だが、現状では既存の家族規範や家族内の力関係を、つまり「人間への依存」をより強める方向へ向かっている。

では、ほかにどのような介護保険制度が考えられるだろうか。その例として、ドイツの介護保険制度をみてみることにしよう。

† ドイツの介護保険制度

一九九四年に制度化されたドイツの介護保険制度は、日本の介護保険のモデルとなっていると言われている。しかし、そこには大きな違いがみられる。まず、すべての国民（零歳以上）が対象であるということ。それから、要介護度の判定が行なわれた後に保険給付がなされるのだが、現金給付があるということだ。日本でも年十万円の「家族介護慰労金」があるではないかと言う人もいるだろう。だが、日本の「慰労金」は、家族の面倒をみている労をねぎらうために家族（世帯）に払われるものだ。一方、ドイツの場合、介護手当ては要介護者本人に対して支給される。そして介護手当てとして受け取った現金を、介護を行なう家族に渡すのか、それともヘルパーに渡すのかは要介護者本人が決めることができるのだ。日本では家族介護は「子どもが親の面倒をみる美風」であり、アンペイド・ワーク（無償労働）として位置づけられている。それは、「家族なのだから」親の面倒を子どもがみるのは当たり前だという家族規範が根強いからだ。だから、苦労をねぎらう「慰労金」という発想も出てくる。しかし、ドイツでは、要介護者本人がヘルパーを雇うのか家族を雇うのかを制度に従って決める。つまり、介護ははっきりと賃金労働として位置づけられているのだ。そのことは、介護をしている家族に労災が保障されるし、年金も保障されるという点からもみて取ることができる。

家族なのだから面倒みるのが当たり前といった家族規範に縛られている日本の家族観からすれば、ドイツの家族を雇うとか、親の介護が賃金労働だとかいった言葉にあなたは戸惑うかもしれない。しかし、ドイツでは、介護保険制度によって、親子の間にある子どもなのだから親の面倒をみるのが当たり前といった規範に縛られた「人間への依存」が解消されている。介護保険制度が家族のなかに介入することで、親も子どもも、自ら主体的にどのように生きるのかを決めることができるのだ。その場合、家族介護は個人がどう生きるかの選択肢の一つとなるのである。

さて、あなたは、日本の介護保険制度とドイツの介護保険制度、どちらの制度の下で生きたいと思うだろうか。

四　死における「法への依存」

† 日本の「人間への依存」が生み出す「孤独死」

既存の家族規範に縛られた依存は、私たちの死の場面にもみられる。親は、自宅で看取られたいと思うし、自宅で看取ってくれることが当たり前だと考えている。自分の老後を子どもに依存しているのだ。しかし、寄り添って看取ってくれる子どもがいないとどうなるのか。近年、日本では高齢者の「孤独死」が問題となっている。

二〇一〇年一月、NHKで『無縁社会』というドキュメンタリーが放送された。「孤独死」をテーマにしたこのキャンペーンは話題となり、その年の流行語大賞にノミネートもされた。実は「孤独死」は、「独居死」と区別されている。「独居死」は、家族や社会とのつながりを保ちながら一人暮らしをしているものの死であり、「孤独死」は、すでに家族や社会との関係が絶たれたものが、誰にも気づかれずに死後かなりたってから第三者に発見される「無縁死」である。そして年間、約三万三千人もの引き取り手のいない「無縁死」が存在し、そのうち約千人近くは自治体や警察でも名前さえ分からない「行旅死亡人」である。

日本では、人は死ぬとき家族に見守られて逝くのが望ましいという考えが一般的だ。だから、誰にも看取られずに一人寂しくあの世に旅立つ孤独な老人がいてはならないという思いから、地縁や血縁を見直し、孤独な老人をなくそうという動きがある。特に、二〇一一年三月十一日の東日本大震災以降は、見ず知らずの人間同士の思いやりや家族の助け合いによる「絆」という言葉が叫ばれた。人間同士の「絆」が大切だと言われた。家族の「絆」、人間同士の「絆」で「孤独死」を防ごうという考えだ。

たしかに、助け合いや思いやりといった人と人との結びつきによる「絆」は大切なことだ。しかし、はたして「絆」だけで「孤独死」は防げるのだろうか。そして、「孤独死」という言葉にはたしかに悲しい響きが感じられるが、しかし、一人で死ぬこと自体そんなに否定されることなのだろうか。一人で死んでも孤独ではない死もあるのではないか。そのような死について、デンマークの事例をみてみることにしよう。

†デンマークの「法への依存」による「独居死」

デンマークでは一九九五年頃から、高齢者が最後までいきいきと健康に暮らすための自立支援型政策である「早めの引越し」を政府が推し進めている。二〇〇〇年に都市住宅省が発行した『タイミングのよい住まい――第三の人生への住まいの選択』という冊子に都市住宅大臣が「われわれは決める」というタイトルで巻頭言を寄せていることからも、その姿勢がうかがえる。この政策によって人びとは、だいたい五十五歳から七十歳にかけて社会福祉事務所の窓口に行き住み替え相談をし、子どもから離れて住み替える。その住み替えから、「余生」や「老後」ではなく、「第三の人生」が始まるのだ。

「できるだけ長く自宅にいたい」と多くの人は思うだろう。慣れた日常生活のなかで死にたい。病院は嫌だ。実際日本の高齢者は、「やっぱり自宅がいい」「できれば自宅がいい」といって自宅住まいを継続している人も多い。その場合、「できるだけ長く自宅にいたい」高齢者を支えるのは家族による在宅介護である。しかし、家族による在宅介護のない自宅で暮らせなくなった高齢者はどこにいくのだろうか。施設に行くのか、それとも子どものところへ行くのか、それとも「孤独死」か。

デンマークでは、「できるだけ長く自宅で」というスローガンのもと、以前から在宅ケアに重点を置いた高齢者福祉がなされてきた。その場合の「できるだけ長く自宅で」というのは、家族に面倒をみてもらってではなく、高齢者自身が自立してということだ。デンマークでは、高齢者は介護される対象ではなく生きる主体であるという観点からの「高齢者三原則」が掲げられている。それは①高齢者の自己決定権を尊重し周りはこれを支える（高齢者の自己決定権）②今ある能力に焦点をあてて高齢者の自立を支援する（残存能力の活性化）③これまで暮らしてきた生活と断絶せずに継続性をもって暮らす（継続性）の三つである。先に挙げた「早めの引越し」政策は、この三原則にのっとっている。どこでどのように生きるかを高齢者自身が決める。どこでどのように生きるかを決めるということはどこでどのように死ぬかを決めるということでもある。つまり、「第三の人生」は、高齢者自身が自らの死を覚悟することから始まるのだ。彼らは自らの生を考えるように死についても考え、一人での死を受け入れる覚悟をするのだ。

私たちが住み替えを考える場合、体の虚弱化に合わせて施設や病院に頼る住み替えが一般的だろう。しかし、デンマークにおける「高齢者三原則」にのっとった「早めの引越し」による住み替えは、自ら引越しできるうちに、自分のこれからの生き方や死に方を自分で決める住み替えなのだ。そうして自ら選択した暮らしでは基本的には自己責任だが、高齢者の自立を支えるケア・ネットワークは充実している。また、どのサービスを受けるかは本人の自由選択である。そこで自分の能力を十分に発揮させ主体的に社会に参加しながら生活し、場合によっては最後に一人の死を迎える。彼らはそれを「自然な死」と呼ぶ。その死は決して孤立と孤独のなかに一人捨てておかれているような惨めな「孤独死」ではない。「第三の人生」をどこで過ごすか、どこで最期を迎えたいかを自ら選び、決断した結果の「独居死」なのである。デンマークで、高齢者が生きる主体であるといわれるのは、高齢者三原則のもと、自分の生き方を主体的に選択するからだけではなく、同時に自分の死に方をも自分で選択しているところにある。この場合一人の死は決して惨めで不幸な死ではなく、自分の人生を主体的によく生きた最後のときなのである。

†日本の「一人の死」とデンマークの「一人の死」の違い

日本では、一人の死は「孤独死」であり「無縁死」と呼ばれる。日本では、既存の家族規範に縛られた「人間への依存」が根強い。親は、自宅で看取られたいと思うし、自宅で看取ってくれることが当たり前だと考えている。自分の老後を子どもに依存しているのだ。しかし、看取ってくれる子どもがいなければ、誰にも看取られずに一人死んで、何週間も経ってから発見されるという悲惨な「孤独死」となる。それは、「人間への依存」が生み出した「孤独死」といってよいだろう。

しかし、デンマークでは、「独居死」を選択できる。デンマークでは、高齢者自身が「高齢者三原則」にのっとった「早めの引越し」政策に従って子どもと離れる「住み替え」を行なう。「高齢者三原則」や「早めの引越し」は、「家族」という既存の規範に縛られた「人間への依存」から、「個人」を解き放つ。法や制度を介入させることにより、高齢者自身が「個人」として最後の瞬間まで自分の生き方・死に方を自分で決めて生きたといえる人生をおくる主体的な生き方ができるのだ。だから、たった一人の死であったとしても孤独で不幸で惨めだということはない。デンマークの高齢者にとって、一人の死は誰にも看取られずともまさに尊厳のある死なのである。つまり、「高齢者三原則」や「早めの引越し」といった公が介入することによって、人びとは自分の孤独や死についての覚悟をし、どこで最期を迎えたいのか自分の生き終わり方を決めるのだ。既存の家族規範ではなく、制度に従って自分の価値観に殉じて「独居死」を選ぶことは、尊厳のある死を選ぶことであり、それは最後の時まで自分の生き方でよく生きたということになるのだ。

五　新しい家族の形

†コレクティブハウスの試み

以下では、コレクティブハウスという集合住宅に既存の家族規範を解消する働きを読み取り、そこに伝統的な血縁関係の家族ではない新しい家族の形を捉えてみる。

そもそも、コレクティブハウスは、女性の社会進出が進んだ一九三〇年代のスウェーデンで、女性を家事や育児から解放することを目的として登場した。それは、女性は家にいて子育てをする家事をするという既存の家族規範から解放された共同保育、家事サービス付き集合住宅であった。そして一九六〇年代から一九七〇年代の高度経済成長期にかけて、家庭の外で働く女性の数がさらに増加し、それまで既存の家族規範に従って家で女性が担ってきた育児や介護を家庭で担うことができなくなっていったという背景から、家事や育児の協働化というコレクティブハウスが登場した。一九八〇年代からは、セルフビルドやエコロジーがテーマのコレクティブハウスなども登場し、既存の家族の枠を超えて、複数の個人や家族が集まり一緒になって取り組むことでそこのコミュニティの価値を作り出し、またその価値を共有することで積極的に生きることができるという「参画と共生」を基本とした今のコレクティブハウスが出来上がった。

コレクティブハウスでは、協働で生活をすることにより、伝統的な血縁関係の家族にみられる既存の家族規範、たとえば、子どもの世話は親がするとか、親の介護は子どもがするといった「人間への依存」から解放される。そのような「人間への依存」に縛られることなく、住人の誰かが世話をするし、住人の誰かが介護をする。

また、それぞれのコレクティブハウスには、理念や義務が存在する。自らその理念や義務に同意し、そのコレクティブハウスに参画するのだ。さらに、共同生活をしていくなかで、自分たちでルールも作る。つまり、コレクティブハウスで生活するということは、公の法が介入しているわけではないが、ある意味で「法への依存」を実現しているといえる。

たとえば、一九九八年に完成したスウェーデンのエクボという環境共生コレクティブハウスがある。そこの入居条件は「エコロジーに重点をおいた暮らしをする」というものだ。参画する者たちは、そのエコロジカルな生活をするという理念に同意する者たちだ。偶然たまたま血縁関係で家族だったという関係ではない。そこでは改築工事もセルフビルドで、廃棄物処理は協同で行ない、生ゴミはコンポストで堆肥にし、五年かけて肥料をつくり売ることまでしている。電気自動車二台とハイブリッドカー一台をシェアリングし、敷地内にはコモンホース（みんなの馬）も飼われていて自由に歩き回っている。エクボの住人は「みんなで一体となって環境資源となるような生き方をする」と語っている。彼らは、自分たちが合意できる理念に従って生活をしているのだ。

また、エクボではさまざまな職種の独身者や既婚者や家族連れが生活している。コモンミール（みんなでとる食事）やリビングがコモン空間と呼ばれ、そこでは協同が行なわれ、また議論（ルール作り）も行なわれる。妻が家事をしなければならないといった既存の家族規範が解消され、ルールに従って家事は当番制で行なわれる。

つまり、エクボの住民たちは、エクボで暮らすことに主体的に同意し、エクボのルールに従って生きている。伝統的な血縁関係による家族に縛られることなく、合意できる仲間とルールのもとで生きている。これは伝統的な血縁関係による家族を超えた新しい家族であるといえるのではないだろうか。

†血縁としての家族から自由になる試み

ところで、スウェーデンでは、子どもはだいたい高校を卒業する十八歳前後で自立するので十代で親元を離れ生活する人たちが多く、市のフレスタバッケという公共住宅（コレクティブハウジング）のウエイティングリストには、十五歳は個人として載せることができるという仕組みになっている。現居住者は十五歳以下でも居住者枠で登録することができ、実際順番待ちもしている。入居予定者はコレクティブハウスに入居するためには義務を果たさなければならないことを説明され、それに同意しサインしたものだけが登録することができる。プレストゴーズハーゲンという公共住宅（コレクティブハウジング）では、百人のウエイティングリストのなかに七歳で登録している子どももいる。

この仕組みから分かることは、伝統的な血縁関係による家族と既存の家族規範から、子どもが解放されているということだ。この親がいなければ子どもは生きていけないという人間関係の縛りから解放されているのだ。血縁という特定の人間関係に縛られることなく、自分の人生に関わっていく人、助け合う人を選べるのだ。

先に挙げた、デンマークの高齢者の住み替えでも、共生型住宅へ住み替える選択肢が存在する。高齢者住宅（公営住宅）の制度にのっとって一九九一年に作られたシニア共生型住宅「クレアティブ・シニア・ボ」では、人びとは独立した住宅に住みながら、必要なときには公的サービスを受けながらも、みんなで話し合いながら生活をしている。ここの住人は、伝統的な血縁という人間関係に縛られることなく、自分の子どもに面倒をみてもらうという既存の家族規範から解放されている。そして、話し合いにより自分たちが同意したルールに従って、みんなが少しずつ担いあって生活しているのだ。そこでは葬式も共用棟で行なわれる。

改めて確認しておこう。コレクティブハウスというのは、伝統的な血縁関係という特定の人間関係に縛られていない。その意味で、既存の家族規範を壊すものである。妻が家事をしなければならないとか、親が子どもをしつけなければならないとか、親の介護を子どもがしなければならないといった「人間への依存」から解放されており、協働によって住人の誰かがするのである。また、コレクティブハウスは、住人が同意したルールに従った共同体である。公の法ではないけれども、「法に依存」した共同体を実現しているのだ。

コレクティブハウスの住人たちは、自らで同意して協同を行なっている。これは伝統的な血縁関係を超えた、同意できる仲間とルールに基づく新しい家族の形だと捉えることができるであろう。

†日本での試み

日本では、一九九五年に起こった阪神・淡路大震災の後の仮設住宅の一環としてコレクティブハウジングは誕生した。震災後の仮設住宅で、一人暮らしの高齢者が亡くなるという「孤独死」が多くみられたので、仮設住宅の一環として、高齢者同士が助け合うことを目的とした公営「高齢者用ふれあい住宅」が建設された。それを基礎にして、その後の一九九七年、「兵庫県営震災復興住宅」が生まれたのだ。これが日本のコレクティブハウジングの始まりである。しかし、震災後ということもあって、高齢者がその住宅に入居する理由は「家賃が安いから」であり、自分の暮らしやあり方を主体的に決断し、この場所でこの人たちと生きることを選択したからではない。行政側も、震災後ということもあり、「雨露をしのげる」とか「孤独死を防ぐ」といったことに主眼を置いており、高齢者が「第三の人生」を決断するなどということは念頭になかった。

その後、阪神・淡路大震災から十数年たって、日本でもコレクティブハウスの理念に賛同したNPOによって二〇〇三年に東京都東日暮里に「かんかん森」という本格的コレクティブハウスが誕生している。自立した個人が、参画し共生するというコレクティブハウスは、伝統的な血縁関係による家族とそこにみられる従来の家族規範からくる「家族」を崩し、新たな「家族」を生み出す。「どこで誰と住むのか」を仲間とルールに基づいて住人が自ら選ぶのだ。

ところが、日本では、コレクティブハウスの運動がなかなか進展していない。日本では公営住宅法の枠組みのなかでの取り組みなので、どのように生きるかというライフスタイルの選択肢の幅がないのが現状だ。なぜなら、日本の公営住宅法では、住むところに困っている低所得者に安く住居を提供するという以外のコンセプトはいまだにないからだ。

また、日本ではまだ多くの人が、伝統的血縁関係と既存の家族規範による「人間への依存」の状態にあり、家族はみんな「一人ひとりの個人対個人」なのだから、それぞれがそれぞれの生き方やあり方を選ぶことができるということになかなか気づけない状態にある。ましてや、「どこで誰と住むのか」という「家族」そのものも選ぶことができるという考えには、なかなか至っていないのであろう。このようなコレクティブハウスの取り組みについて、あなたはどう考えるだろうか。

六　法の介入で自由になる

最後にこれまでの論をまとめておく。

法は、私たちの自由を規制し奪うものだと、多くの人は考える。しかし、「人間への依存」の状態にある者には自由がない。親として子どもとしてといった依存関係にある場合、親にどんなにひどいことをされても子どもは抵抗できないし、親は「躾のため」と言いながら子どもに虐待を加える。介護においても、家族同士の依存関係にある場合、子どもは親の介護をしなければならないと考えるし、親は子どもが自分の介護をしてくれることを当たり前だと考える。そこには、「介護地獄」という悲劇が待っている。また、老後は子どもが面倒をみてくれるだろうことを当たり前だと考えている依存した親は、その最期を「孤独死」という形で迎えることになる。
ドイツでは、介護保険制度によって、家族規範に基づいた家族同士の依存を前提とした家族介護を当たり前とせず、家族の各人がどのような介護の形にするのか主体的に選択できるようになっている。デンマークでは、「高齢者三原則」によって、家族同士の依存から高齢者が解き放たれ、主体的にその生き終わり方を選べる。

「人間への依存」から「法への依存」へ。法や制度は私たちを縛るものだと思われているが、実は家族規範による依存関係から私たちを解き放ち、私たちの一人ひとりが自分の生き方やあり方を選択し、自由に生きることができるようにするものなのである。

ところで、スウェーデンやデンマークでは、コレクティブハウスによって既存の家族規範による「人間への依存」を壊し、伝統的な血縁関係による家族から解放されている。そして、同時に自分たちが同意できる理念やルールに基づいた「法への依存」による生活を実現している。「家族」そのものを選び、そこで「法への依存」を実現するということの取り組みは、あなたにどんな思いを抱かせるのだろうか。

（1） ルソーの代表作である『エミール』第一編の冒頭は「万物をつくる者の手をはなれるときすべてはよいものであるが、人間の手にうつるとすべてが悪くなる」で始まり、同様に代表作である『社会契約論』第一編第一章の冒頭は「人間は自由なものとして生まれた、しかもいたるところで鎖につながれている」

で始まっている。人間は本来善良で自由なものだが、社会（人間と人間との関係）が人間を惨めにさせるのだという考えが示されている。

（2）「人間は自由なものとして生まれた。しかもいたるところで鎖につながれている。自分が他人の主人だと思っているようなものも、実はその人々以上にドレイなのだ。」（ルソー 一九五四［1915］、一六頁）「きみの自由、きみの能力は、きみの自然の力の限度において発揮されるもので、それ以上に及ぶものではない。そのほかのことはすべて、奴隷状態、幻想、見せかけにすぎない。人々を支配するということさえ、それが臆見に基づくものなら、卑屈なことだ。きみが偏見によって支配する人々の偏見にきみは依存することになるからだ。きみの好きなように人々を導くには、人々の好きなようにきみを導いていかなければならない。」（ルソー 一九六二［1959］、一一一頁）

（3）「依存状態には二つの種類がある。一つは事物への依存で、これは自然にもとづいている。もう一つは人間への依存で、これは社会にもとづいている。事物への依存はなんら道徳性をもたないのであって、自由をさまたげることなく、悪を生み出すことはない。人間への依存は、無秩序なものとして、あらゆる悪を生み出し、これによって支配者と奴隷はたがいに相手を堕落させる。社会におけるこういう悪に対抗するなんらかの方法があるとするなら、それは人間のかわりに法をおき……人間への依存は再び事物への依存に変わることになる。国家のうちで自然状態のあらゆる利益が社会状態の利益に結びつけられることになる。」（ルソー 一九六二［1959］、一一四－一一五頁）

（4）厚生労働省ホームページ「子ども虐待による死亡事例等検証結果（第七次報告概要）及び児童虐待相談対応件数等」報道発表資料参照

（5）法務省ホームページ「民法等の一部を改正する法律案」成立した本法律の概要参照

（6）ウェヴ産経ニュース参照 http://sankei.jp.msn.com/affairs/news/110904/trl11090407010000-n2.htm

（7）亀井氏の案では、月額五万円の慰労金であったが、最終的には要介護度四と五の重度の高齢者を介護している住民税非課税の低所得世帯に年に十万円までの慰労金となった。

第4章　悲しみをどう乗り越える？

脇　崇晴

一　感情をめぐる倫理学的問題

†悲しみとどう向き合うべきか

二〇一一年三月十一日、東北地方を中心に大規模の地震と津波が襲った東日本大震災は、まだ私たちの記憶に新しいだろう。大切な家族や友だちを失った悲しみ、大事な家や財産を失った悲しみ、そして慣れ親しんだ故郷を失った悲しみ……、多くのかけがえのないものを喪失した悲しみが、忘れられない災害の記憶とともに被災者たちの心に植えつけられた。深い悲しみを背負ってしまったとき、悲しみの感情にどう向き合うことができるだろうか。

たとえば、悲しみの感情を理性的にがまんして抑えることで、いつまでも悲しみに囚われて身動きがとれないという事態を免れることができるかもしれない。感情一般の話として言えば、それは理性によって感情を抑制すべきであるという態度として考えられる。感情は受動的なものであるから、そのつどの感情に縛られるのは不自由とも感じられる。そうであれば、一時的な感情に振り回されないで、理性的に自己を律することが必要となる。しかし、感情を抑制して生きることは本当によき生であるのだろうか。

また、震災後のような非常時には「自分がしっかりしなくては」と、自分自身で悲しみを乗り越えようとするかもしれない。悲しみの感情に囚われた自分は弱い自分であり、克服されなくてはいけない。強い心で自分の弱さに打ち克つことが望ましいあり方である。しかし被災時や終末期のように深い悲しみやつらさを背負って弱っているときに弱い自分を乗り越えることはほとんど無理であるだろう。そうしたとき自分の弱さにどう対処すればよいのだろうか。

† 正義における被害者感情の問題

感情の扱い方として、今度は悲しみとともに、怒りの感情を扱う。もちろん震災でも自分を襲った思いがけぬ不幸に怒りを感じた人は多くいるだろうが、怒りが最も典型的に現われるものとして報復感情の問題を取り上げたい。

もしあなたが大切な家族を殺害によって奪われたとすれば、どうだろうか。はじめは家族が殺されたことが信じられないとしか思えないかもしれない。だんだん時が経つにつれて犯人への復讐心が湧いてくるだろう。その復讐は加害者を処罰するという正義において果たされると考えられる。実際にも、テレビや新聞のニュースで被害者遺族の「加害者に死刑を望む」という声が報道されるのを私たちはよく目にする。大切な家族の命を奪った加害者にも同様に死を与えてほしいという報復の感情を抱くことは遺族にとって当然のことと思われる。もし死刑が執行されればそうした復讐心も満たされるかもしれない。しかし、報復感情としてのみ被害者感情を扱うことは正義の問題として本当に正しいことなのだろうか。現実に悲しみや怒りなどの感情が癒されないで苦しみ続ける遺族もいるように、正義における感情の問題はもっと別の形で扱われるべきではないだろうか。

本章の目的は、感情の倫理学的な意味を現代の具体的な事例に即して明らかにすることである。ここで取り上げた三つの場面について、第一に感情を抑制することがよき生のあり方なのかを、次に悲しみに囚われた弱い自分をどう乗り越えるのかを、そして最後に被害者感情を救う正義とは何かという問題を、これから順番に検討していきたい。

二　感情は抑制されるべきか

† 感情のないこと（アパテイア）がよき生のあり方である

では今挙げた第一の問題、つまり感情を抑制することがよき生のあり方なのかという点から検討を始めよう。一では悲しみにどう向き合えばいいかという問題に対して、まず理性的に悲しみを抑制してそれに囚われないようにするというあり方を示した。それは、理性によって感情を抑制すべきだという態度である。できるだけ理性によって感情を抑制したほうがよいとすれば、完全に理性的に自己を律して、感情に心を動かされない人物が理想的だと考えられるだろう。

そのように考えたのが古代ローマ時代に現われたストア派の人びとである。彼らは「アパテイア」を理想的な心のあり方だとした。アパテイア（apatheia）とは「パトス（pathos）」の否定（a-）を表わす言葉である。パトスは「感情（つまり受動的なもの）」といった意味をもつギリシア語で、英語やフランス語の"passion"の語源である。アパテイアは日本語で「不動心」とも訳されるが、つまりどんなことがあっても喜怒哀楽などの感情に惑わされない平静な心のあり方をいう。(1)

感情は受動的なものであり、自分の外の出来事によって生じるので、自分の意志する通りに感情を起こすことはできない。たとえば、自分の欲しいものが手に入ったときには喜びが生じるが、逆に大事なものを失ったときには悲しみが生じる。喜ばしい出来事があったときに悲しもうとしても無理だし、逆に悲しい出来事があったときに喜ぼうとしても無理である。それに、いつでも喜ばしい出来事が起こるとは限らないし、むしろ悲しい出来事に出会ってしまうことも少なくない。現代では医療が目覚ましい進歩を遂げたとはいえ、それでも治せない病気はあるし、どんなに手を尽くしても誰も死を免れることはできない。病気や死は人生で避けられないものなので、そこから生じる恐怖や悲しみもまた避けては通れない。自分にとって外的な出来事に一喜一憂させられるとすれば、私たちは本当には自由で平穏な生を実現することはできない。
　そこで私たちは理性によって感情を抑制することで感情の束縛を離れて真に自由な生を実現することができる。言い換えれば、それは一時的な感情に動かされるのではなく、理性に従って生きることである。たとえば、船が遭難したとき、そうした非常時でも理性によって驚きや恐怖の感情を抑制して冷静沈着に指揮を取ることのできる船長は望ましい人物だと思うだろう。その場合、つねに感情を抑えて理性的にふるまえることが望ましいあり方である。

†　非人間的なものとしてのアパテイア

　しかし感情のない心（アパテイア）で生きることは本当に望ましいあり方なのだろうか。フランクルはアウシュヴィッツ強制収容所のなかでの生活で「アパテイア」の状態を体験したと回想している。強制収容所は第二次世界大戦中のドイツで作られたもので、ユダヤ人たちを無理やり捕まえてそこへ送り込み、劣悪な環境のなかで過酷な労働をさせたことで知られている。精神科医でもあった彼はアパテイアの状態をこう描写している。

　　そこ〔診療所――引用者〕に十二歳の少年が運び込まれた。靴がなかったために、はだしで雪のなかに点呼で立たされたうえに、一日じゅう所外労働につかなければならなかった。その足指は凍傷にかかり、診療所の医師は壊死して黒ずんだ足指をピンセットで付け根から抜いた。それを被収容者たちは平然とながめていた。嫌悪も恐怖も同情も憤りも、見つめる被収容者たちからはいっさい感じられなかった。苦しむ人間、病人、瀕死の人間、死者。これらはすべて、数週間を収容所で生きた者には見慣れた光景になってしまい、心が麻痺してしまったのだ。（フランクル 二〇〇二［1977］、三五頁）

引用の最後の「心が麻痺してしまった」という言葉がまさにアパテイアを表わしている。この文章の小見出しはドイツ語原文で“Apathie”（アパティー）となっている（Frankl 1977, S.41）。つまりここではストア派の説いたアパテイア（apatheia）とまったく同じ言葉が使われている。

収容所での異様な光景を見てまずはぞっとするようなおぞましさを感じるだろう。さらに、どこか違和感があるとすれば、それは被収容者たちの無関心さに対してであろう。私たちは通常であればそうした光景を目の当たりにして何らかの感情的な反応（「嫌悪」「恐怖」「同情」「憤り」など）をするのが人間として当然だと思うだろう。それがまったく感じられないというのは非人間的なあり方に思える。

仮に無感情でまったく理性的にふるまう存在がいると想定してみよう。彼は目的を達成するために最も効率のよい手段を合理的に決定することができるだろう。そして実際そのつどの感情に流されずに手際よく正確に仕事をこなしていくだろう。仕事が成功したからといって喜ぶこともないし、失敗を悲しむこともない。彼はすぐれた働きをするには違いないが、無感情に淡々と仕事をこなしていくあり方からは精密な機械のような印象を受ける。むしろ少しばかり仕事がうまく行かなくていらいらしたりする方が、不合理ではあっても、人間らしさを感じる。振り返ってみると、ストア派が理想的な生き方とした無感情（アパテイア）のあり方はかえって人間らしさを失った生のあり方として捉えられる。同じ無感情のあり方がここでは人間として望ましくない生のあり方となる。私たちが感情を失うことは人間らしいあり方を失うことでもある。人間らしい生は感情を伴なった生なのである。

†　感情こそがよき生をつくる

理性的に自己を律して感情に束縛されないことがストア派の理想とした生き方であった。これに対し、感情を理性によって完全に押さえつけてしまうのではなく、感情を適切にもちつつ行為することが人間の望ましいあり方だとしたのがアリストテレスである。彼は「徳」のあり方を「中（中庸）」として説いている。「中」とは「然るべきときに、然るべきことがらについて、然るべきひとに対して、然るべき目的のために、然るべき仕方においてそれ〔＝諸々の情念や快苦——引用者〕を感ずるということ」であり、別の言葉で言えば、「情念と行為」に関して「超過」や「不足」のない状態である（アリストテレス 一九七一［1894］、七〇‐七一頁）。超過や不足、つまり場面にふさわしい感情を伴わない行為が過ちであるのに対し、「中」を得た行為は望ましいものとして称讃される。このように適切に感情をもって行為することのできる人物が望ましいとされるのである。

たとえば、勇敢の徳は恐怖と平然に関しての中庸であると規定される（同、七三頁を参照）。たとえば格闘技の試合で強敵を目の前にしているとしよう。相手を怖がりすぎる人は怯えた表情で震えたり敵前逃亡したりするかもしれない。そうした人は臆病者と呼ばれるだろう。逆に、強敵にもかかわらず何の恐怖も抱かず平然と相手に立ち向かっていく人は単に無謀なだけである。勇敢な人とはまったく恐れをもたない人ではなくて、恐れるべきことに恐れながらそれに耐える力をもった人物である。強敵に恐れを抱きつつも敢然と立ち向かっていく人の姿に私たちは勇敢さをみて取るだろう。そして、臆病者や無謀な人ではなく、勇敢な人を私たちは望ましい人物として称讃するだろう。

ストア派では理性が感情を押さえつけるという構図になっていたが、これに対しアリストテレスでは適切に感情をもって行為することが要求される。実際、一般にも私たちは社会の一員として場面にふさわしい感情をもちつつ行動しなくてはいけないだろう。たとえば、「男は泣いてはいけないという社会が概して多いわけだが、しかしまったく涙をみせない男は、非人間的な冷血漢とみなされ、逆に社会的信用を失うことがある」（野村 一九九六、一三六頁）という。つまり、どんな場合にも悲しみを抑え込んでしまうのではなく、むしろ悲しむべき場面ではそれにふさわしい悲しみをもっていることが社会的に求められているのである。このように感情を抑制するのではなく、適切にもっていることが人間らしいよき生を作るのである。

†悲しみをどう表わすべきか

これまで感情を理性によって抑制すべきだという立場に対して、アリストテレスの徳倫理を踏まえて適切に感情をもっていることが人間らしいよき生のあり方であることを示した。そこでは一般的に感情をどのようにもつことが適切なのかということが問題となっていた。今度は、もっと具体的に悲しみをどう表わすのが適切であるのかを問題としたい。

冒頭で挙げた震災後のように、深い悲しみを背負ってしまったとき、その悲しみにどう向き合えばいいのか。人前で泣くことは弱い自分をさらけ出すことになるから頑張って悲しみをがまんしようと思う人もいるだろう。しかし、悲しみに深く囚われて弱っているときにどうしても苦しくて自分では悲しみに耐えられないかもしれない。はたして人前で悲しみを表わしてもよいのだろうか。それとも、やはり悲しみを見せないようにすべきなのだろうか。

三　弱くてはいけないか

†悲しみを露わにすることは弱さである

これから、具体的に悲しみにどう対処すればよいのかという問題を検討していきたい。それについて、まず悲しみに囚われた弱い自分に打ち克って強くあろうとする克己的な道徳観を提示する。それに対して次にケアの場面を取り上げながら他者の悲しみを分かち合い、弱さに寄り添う「共感」に基づいた道徳観から、克己とは異なった悲しみの受け止め方を提示したい。では弱い自分に打ち克って強くあるべきだとする「克己」のあり方からみていこう。

以前の日本では、悲しみを露わにすることは望ましくないとする傾向があった。そして特に男性はどんなに悲しくても「男なら泣くな」と注意されることがあった。それは悲しみを見せることが自分の弱さの表われだと感じるからではないか。「男なら泣くな」と言われるとき、そこには悲しくてメソメソしている男は脆弱であって、悲しみを乗り越えられる強い心をもたなくてはいけないという意味合いが含まれる。つまり、悲しくても泣くのをがまんすべきだとされるとき、悲しみを見せることは弱さであり、望ましいあり方ではない。そこでそうした感情に囚われた弱い自分に打ち克つことのできる強い心をもつことが要求される。

† 克己の思想

自分の弱さに打ち克つことのできる強い心をもつことを望ましいあり方とするのは、一言で言えば、「克己」ということになるだろう。自分に自分が打ち克つというのが克己の基本的な意味である。打ち負かされるべき対象である自己とは弱さをもった自己であり、強い心が自分の弱い心に打ち克つ主体となるべき自己である。このとき強い心とされるものは集中力や忍耐力をもった心のことである。自分の弱い心とは臆病さや忍耐力のなさであり、悲しみやつらさといった感情を外に出してしまうことも弱さの一つの現われである。弱い自分に打ち克つべく強い心を鍛錬していかなくてはいけないという克己的な道徳観を私たちは伝統としてもっている。

現代でも日本の武道には克己を望ましいとする伝統が残されている。たとえば剣道では竹刀の扱い方や身のこなし方はもちろん、強い心を養うことの重要性もまた教えられる。前者はある程度技術的なことを含んでいるが、そうした技術もあくまで後者を基礎として磨かれるべきものである。強い心を養うのが重要であるのは、まずもって試合中に動揺したり敵に恐怖を感じて怯んだりしないためと言える。動揺したり恐怖のため怯んだりする自分は弱い自分である。試合で強さを発揮するためには単に剣の技術を磨くだけでは不十分であり、日ごろの練習を通じてそうした弱い自分に打ち克つことが求められる。

† 強くあるべきか

これまで述べてきたような克己的な道徳に基づけば、悲しみに囚われた弱い自分は乗り越えられるべき対象である。強い自分を肯定しようとすれば、弱い自分は切り捨てられていく。悲しみをもった弱い自分は克服されなくてはいけない。そうすると、自分の心のなかに弱い部分が残っている限り、自分を否定し続けなくてはいけない。

被災時や終末期のような大きなダメージを受けて弱っているときにその弱さを克服するのは困難であるだろう。自分の死に直面したときや大切な人を失ったときの悲しみはあまりに深すぎるので、容易に消えることはない。克己の道徳に基づいてあくまで弱い自分を克服しなくてはいけないとすれば、いつまでも悲しみを引きずっている自分を弱い人間だと責め続けることになる。そしてたえず自責の念に苛まれるがゆえに、自己を肯定することができないで余計に苦しい思いをしてしまう。そのとき、弱い自己をどのように肯定することができるだろうか。また、弱い自分をどう乗り越えることができるだろうか。

それらの問題に答えるために、一人で自分の弱さを乗り越えようとする克己の道徳に対して「共感の道徳」を提示したい。そのためにまずケアの場面に着目して他者と感情を分かち合う「共感」の重要性を指摘する。共感の内実を明らかにするために、具体的なケアの場面に即して、共感のポイントを「弱さに寄り添うこと」として押さえる。それから、道徳において「共感」を「同情」と対比しながら位置づけることを試みる。そうして明らかとなった共感の道徳の観点から、克己の道徳では解決できなかった問題に答えたい。

† ケアにおける共感の重要性

では共感とは何かを明らかにするために、それが重視される「ターミナルケア」に注目したい。ターミナルケアとは末期癌などで人生の終末期にある人たちに対するケアの総称である。それを中心に行なうホスピス施設でのケア、いわゆる「ホスピスケア」はより一般的には「緩和ケア」と呼ばれる。ホスピスでは「肉体的苦痛」、「精神的苦痛（心理的苦痛）」、「社会的苦痛」、「霊的苦痛（スピリチュアル・ペイン）」の四つを合わせた「総体的苦痛（全人的苦痛、total pain）」の緩和が目標とされる（デーケン・飯塚編 一九九一、一五頁を参照）。終末期患者の肉体的苦痛については現在鎮痛剤の使用によってほとんどの疼痛を除去できるようになっている。[2] しかし、肉体の苦痛は除去できても精神面での苦痛は癒されることがない。そこで悲しみやつらさといった感情に対するケアが重要となるのである。

まずよく聞かれるのは、悲しい出来事に遭ったときにそうした感情を抑え込むのではなく、十分に吐露することが重要だということである。たしかに感情を発散させた方が、落ち込んだ状態から立ち直る方向へと向かいやすいだろう。

しかし、本当に気持ちが落ち込んでいるときは一人きりで泣いたり怒ったりしても癒されないこともある。悲しみを自分で受け容れられないときには、自分のつらい気持ちを誰かに聞いてほしい、そして分かってほしいと思うのではないだろうか。その場合、自分の気持ちに耳を傾け、それを受け止めてくれる他者の存在が必要となるだろう。実際、ケアの現場でも、他者の感情をともに分かち合う「共感」の重要性が指摘されることは周知のとおりである。悲しみに囚われているときも、そうした感情を受け止め分かち合ってくれる他者がいることで少し落ち着いた気持ちになることができる。ごく身近な例を挙げれば、友人に仕事の「グチ」を漏らしたとき、それに対して友人が「うん、うん」と相槌を打って共感してくれると、気持ちがいくぶん軽くなった気がするだろう。一人で感情を吐露することだけでは解決できない苦しみがあるときも、それに共感してくれる他者がいることで癒されることがある。終末期にあって一人では拭い去れないつらさや悲しみを抱え込んでしまうような場面では、相手のそうした感情を分かち合う共感がケアとして必要となるのである。

†弱さに寄り添うこととしての共感

共感の内実をより明確にするために具体的なケアの事例に即して考察を進めたい。たとえば、柏木哲夫は自分のホスピス医としての経験から、「患者の心、気持ちを理解すること」の重要性について「安易な励まし」の事例を挙げて示している。この事例によって共感の具体的なあり方をみて取ることができるだろう。それは次のように言われる。

医者にとって患者の「もうダメなのではないか」という言葉ほど対応に困る問いかけはない。筆者は思わず「弱音をはかずに頑張るように」と励ました。そして、弱音をはく患者を励ますのは医者の務めであり、良いことをしたと思っていた。しかし患者は励まされてしまって、弱音をはくことができずに、やるせない思いを抱いたという。筆者の励ましは何の役にも立たなかったというよりは、むしろ患者にとってマイナスであった。(柏木 一九九五、一二七頁)

柏木は患者を励ましたときには医者として当然のことをしたと思ったが、しかし後にその患者は「あのとき私はもっと弱音を聞いてほしかった」と語ったという。その反省を踏まえて、患者の問いかけをそのまま受け止めることの重要性が述べられる(同、一二七‐一三〇頁を参照)。励ましの言葉は患者の言葉を文字通りに受け取って返答したものである。そのように言葉に対して単に言葉を返すのではなく、患者の言葉に隠された悲しみを分かち合い、そのまま受け容れるという共感の態度が重要となる。

励ますことは相手の気持ちを変えるよう働きかけることである。それによって患者は頑張って悲しみに耐えることを余儀なくされてしまう。しかし、頑張ろうとしても頑張れないときに励まされても、それ以上は何もできないだろう。患者も自分の悲しみに解決を与えてくれることを望んではいない。患者が望むのは、私たちがグチをただ聞いてほしいと思うのと同じように、自分の悲しみに耳を傾け受け止めてくれることである。したがって、ここで求められているのは、患者の悲しい気持ちを変えることではなく、ただそばにいて悲しみを訴える声を聴くことだけである[3]。相手の感情を否定するのではなく、そのまま受け容れるのが共感のあり方である。悲しみを表わすことは自分の弱さを見せることであるとすれば、共感のポイントは悲しみをもった他者の弱さに寄り添いそれを受け容れることであると理解できる。

†「同情の道徳」から「共感の道徳」へ

これまで他者の感情をともに分かち合い、弱さに寄り添うこととしての共感のあり方をみてきた。今度は共感を同情との対比において道徳のうちに位置づけることを試みる。「共感の道徳」を明らかにすることで、「克己の道徳」では解決できなかった問題に答えることが可能となるだろう。

他者の感情を重視するものとして、伝統的には「同情の道徳」が考えられる。これまで述べてきた共感もこの同情の一種として考えたくなるかもしれない[4]。しかし私たちの言っている共感は本当に同情と同じことを意味するのだろうか。

同情の核心には他者への憐れみの心がある。同情の道徳とは他者の苦しみをその人の身になって感じることから憐れみの心を起こし援助の手を差し伸べることを道徳的実践の中核とするものである。「同情から恵む」という言い方があるように、同情の道徳に基づけば、余裕のある人がない人をかわいそうに思って施しを与えるという関係になる。つまり、同情は強者から弱者への一方的なものであり、上下関係を前提とするものであるといえる。

これに対し、共感とは他者の感情をともに分かち合うことである。ケアの場面でそれは悲しみをもった他者の弱さに寄り添いそれを受け容れることであった。たとえば「同情から恵む」とは言っても、決して「共感から恵む」とは言わないように、一方的で上下関係を前提とする同情とは異なり、共感は相互的、水平的な関係に立っている。

もし同情の道徳を基礎として医療が行なわれるならば、それは医師が患者のためになると判断した治療を行なうという従来のパターナリズムに結びつくだろう。そこでは医師が患者の利益のために患者の自律性を制限して治療を施すことが正当化される。医師は自分の判断で治療法を決定し、たとえ患者の意思に反する治療であっても、強制的に介在することができる。このとき医師と患者との関係は、医師が治療法を決定する権限をもち、患者のためを思って治療を施すというものになる。パターナリズムにはすでにさまざまな批判があり、実際にも医療のあり方として望ましいとはされなくなってきている。さらに、ケアの場面でもそうした一方的な関係、上下関係ではうまくいかない。「弱さに寄り添うこととしての共感」の箇所でみた「安易な励まし」の事例で柏木は「弱音をはく患者を励ますのは医者の務めであり、良いことをしたと思っていた」と言っていた。「医師の務め」として患者を励ますことは、医師としてなすべきこと、つまり医師として患者のためになると判断したことを患者にしてあげるという態度を意味する。同情の道徳に立った医療はパターナリズムに陥るのであり、ケアの場面で求められるような相互的、水平的な関係を基礎とする共感のあり方とは異なっている。

ケアにおいて求められるのはむしろ他者の弱さに寄り添うこととしての共感の道徳のあり方であろう。ケアの現場からも、相手と同じ目線に立って共感することを重視する声が出されている[5]。他者の感情を重視する道徳は伝統的なものとしてあるが、これまでみてきたように近年の緩和ケアのような場面では、他者の感情への関わり方が、一方的で上下関係のある「同情」から相互的で水平的な関係に基づく「共感」へと決定的に変化している。「弱さに寄り添う」というケアのあり方から、「同情の道徳」とは異なった「共感の道徳」がみて取られるのである。

次に、これまでみてきた共感の道徳の観点から、弱い自分はどう肯定されるのか、そしてどう乗り越えられるのかについて答えを提示したい。

† 他者の共感による自己肯定

まず克己の道徳との対比において共感の道徳に基づいた自己肯定のあり方を提示しよう。もし終末期や被災時の弱った状態で弱い自分を克服しようとすれば、自責の念に駆られて自分を否定し続けることとなる。

こうしたとき、弱い自分を克服するのではなく、むしろ受け容れることで自己を肯定することができるだろう。そしてそのためにはまずもって他者の共感が必要となる。というのも、弱い自分に打ち克とうとする限り、自分で自分を肯定することはできないからである。共感してくれる他者がいるということは悲しみに囚われた弱い自分を否定することなくそのまま受け容れてくれる存在がいるということを意味する。そうして他者によって弱い自分が肯定されることとなる。弱いままの自分が他者に肯定されるという体験を通じて自分でも自分を肯定することができる。弱い自分を受け容れるとき、もはやその自分は克服されるべき対象ではないのであり、そうして自己を肯定することができる。他者の共感があって初めて弱い自分を肯定することができるようになるのである。

† 他者に支えられての弱さの克服

さらに、共感のあり方から克己そのものの意味も捉え直すことができる。克己の道徳では自分に打ち克ち、決して弱さを見せないのが望ましいあり方であった。しかし、終末期にあってだんだんと衰弱が進んでくると気の持ち方も弱くなってくることは少なくないだろう。一人では死んでいくつらさや悲しみに耐えていけないかもしれない。そのように死に直面して弱っているときにそうした自分を克服しようとしても、弱っている自分の力だけでは自分を乗り越えることはできない。

それに対し、弱い自分に共感し支えてくれる他者の存在があって初めて前向きに残された生を過ごすことができるということがあるだろう。その場合、前向きに生きる強さは自分の弱さを受け容れて、他者の援助に頼ることによって獲得される。いわば自分の弱さを認めることで強くなるのである。これは、自分自身で弱い自分に打ち克つという従来の克己のあり方とは異なる。むしろ自分と自分を支えてくれる周囲の人たちの力で一緒に弱さを乗り越えていくという新しい克己のあり方と言えるだろう。

† 泣いてもいい

二と三では感情にどういう態度を取るべきかをみてきた。ストア派では感情に振り回されないで理性的に自己を律することが、克己の道徳では弱い感情をもった自分に打ち克つことが求められた。しかし、それらの立場では被災時や終末期のように深い悲しみを背負い込んで弱っているときに、そうした感情に自分の力で対応することは困難である。自分で悲しみを理性的に抑えたり、強い心で克服したりすることがはたしてできるだろうか。

それに対し、共感の道徳に基づけば、悲しみは自分自身で抑制したり克服したりすべきものではない。そこで重要となるのは、悲しんでいる相手の気持ちを変えようとすることではなくて、ただ相手のそばに寄り添いその悲しみを受け止めることだけである。悲しんでいる本人もまた弱い自分が他者の共感によって肯定されることで、弱いままの自分を肯定することができる。さらには、自分の悲しみに共感し支えてくれる周囲の人たちと一緒にそうした弱い自分を乗り越えていくこともできる。

悲しくても泣くのをためらったりがまんしたりしてしまう人もいるだろう。その周りにいる人も、どう声をかければよいか戸惑ってしまう。そうしたとき、泣いてはいけないと言うのではなく、泣いてもいいというメッセージを周りの人たちが送ることが重要となる。そのように共感し支えてくれる他者がそばにいてくれることで、自分でも悲しんでいい、泣いてもいいのだと思うことができ、悲しみを乗り越えていけるようになる。

四　感情は正義の問題とならないか

†　正義において被害者感情はどう扱われるべきか

今度は感情への対処の仕方として、正義において被害者感情をどう扱えばよいかを問題とする。そのとき、被害者感情として、これまで問題にした悲しみだけでなく、怒りや憎しみから生じる復讐心も視野に入ってくる。

従来、正義において「復讐心（報復感情）」として被害者感情が重視されてきた。もしあなたの家族が殺されてしまったとすれば、大切な人を奪った犯人に同じ死をもって償わせたいと思って当然だろう。私たちは犯人に対する報復感情から死刑を望むのである。日本で死刑の適用基準とされるいわゆる「永山基準」では遺族の被害感情が考慮すべき項目の一つに含まれている。そこでの被害感情の規定はあいまいだが、たとえば死刑制度を存置する理由として、殺人犯を死刑にしなければ被害者の遺族たちの復讐心が収まらないという意見が出されることは多い。このように被害者感情は復讐心（報復感情）として正義の問題とされる。しかし、正義において復讐心のみを重視することは被害者感情の扱い方として本当に正しいのだろうか。

† 犯人を死刑にすれば復讐心も満たされる

ここでいう正義とは加害者が自分の与えたのと同様の損害をこうむることで一旦崩された均衡を回復させようとするものである。そこでは加害者の懲罰が目的となる。死刑の場合、人間の尊い命を奪った犯人に同じ死をもって償わせることで均衡の回復がなされると理解できる。

そうした正義の実現とともに、被害者側の復讐もまた果たされることとなる。殺人事件において犯人が死刑になれば遺族の復讐心も満たされるとよく言われる。また、殺人犯が無期懲役では悔しくて気が済まないという遺族もいる。さらに、人によっては自分の手で犯人を殺してやりたいとすら思うかもしれない。しかし、自ら犯人に復讐を果たせば、自分が新たな殺人者となってしまう。そこで、法律がいわば復讐の代理人となり、死刑によって犯人を処罰することで、遺族の復讐も間接的にではあるが果たされるとも考えられる。正義の名のもとに犯人を処刑することが遺族の復讐心を満たすことにもなる。

†犯人を罰しても被害者感情の問題が残される

しかし、復讐することが本当に被害者感情を救うことになるのだろうか。遺族のもつ感情は復讐心のほかにも、大切な家族を失った悲しみやつらさといったさまざまな感情が複雑に絡まり合っている。復讐をすれば遺族の悲しみや怒りといった感情は癒されるのだろうか。遺族たちが死刑判決の後で長い年月を苦しみ続けることも少なくない。この場合、加害者の側は死刑が執行されればそれで終わりだが、被害者の側は、たとえずっと立ち直れないままであっても、それ以上何の償いもないし、何の保障も与えられない。加害者を罰するという正義の立場では、被害者側だけが苦しみ続けるという問題が残されてしまう。

実際、『終身刑の死角』では被害者遺族のインタビューの場面を取り上げ「「加害者に極刑を望む」という発言は、じつは被害者感情の一面でしかない可能性がある。報道陣から解放された後、家の中で「もう、赦してしまいたい」と思いながら憔悴していることは十分にありうるわけで、その意味でマスメディアが伝える被害者遺族のコメントには、一定の留保が必要であろう」と述べられる（河合 二〇〇九、一六〇頁）。また、加害者が罰せられても、被害者遺族のなかには悲しみや怒りを断ち切れず、長年苦しみ続ける人たちがいるということも指摘される（同、一六八–一六九頁）。

加害者を死刑にしたいという報復感情を重視するだけでは、被害者感情のなかにあるはずの悲しみやつらさといった側面を見逃してしまう。たとえ加害者に死刑が執行されたとしても、そうした感情のために苦しみ続ける遺族たちがいることが見過ごされてはいけない。たとえ犯人を処罰したとしても、被害者感情の問題が消えるわけではないのである。

†被害者の救済を目的とする正義

では被害者たちは悲しみなどの感情や心の傷からどのようにして癒されうるのだろうか。そのためには被害者の救済を目的とするような正義の観点が必要となる。それは、加害者を罰するという従来の正義とは異なったものとなるだろう。

殺人犯を死刑にするというとき、加害者に罰が与えられることで正義が実現されると考えられていた。つまり、加害者が自分の与えた損害と同じだけの損害をこうむることで均衡が回復されるのである。この正義の中核には一旦崩された均衡の回復という考え方がみて取られる。

であれば、加害者ではなく、被害者の側における均衡の回復も当然考えてよいはずである。そのとき、被害者がこうむった損害を埋め合わせることで釣り合いをとることが正義の目的となる。(6)

†被害者感情が回復されることは正義の問題である

たとえ加害者が処罰されたとしても、被害者側の損害が埋め合わされない限り本当の意味で均衡の回復としての正義が実現したことにはならない。ここで言う損害の範囲内には被害者本人だけにとどまらず、その家族がこうむったものも含まれてくる。そのとき目的とされるべきは被害者側の人たちの救済であるだろう。そのとき、被害者側が事件から立ち直り、日常生活に戻れるよう支援することが重要となる。そうでなければ、殺人犯が死刑になったとしても、遺族だけが苦しみ続けることになってしまう。

日本でも近年「犯罪被害者等基本法」が作られたことを被害者への救済が重視された事例として注目したい。それは全国犯罪被害者の会（あすの会）から出された犯罪被害者の訴えを発端として、二〇〇四年に制定された（高井他　二〇〇八、二－三頁）。特に殺人のような悲惨な事件の場合、被害者となった人の尊い命が失われただけでなく、その人の遺族もまた大切な家族を奪われたことによる深刻なダメージを心に負うという副次的な被害が生じてしまう。当該の法律では被害者やその家族（殺人事件であれば遺族）に対して経済的援助、身心に受けた被害の回復、刑事手続きへの参加の機会の拡張などといった支援をする施策が掲げられている[7]。

経済的援助は遺族にとって当面の生活費や葬儀費用として必要となるだろう。また、被害者側が刑事手続きに参加できれば、法廷で自分の意見を表明できるだけでなく、司法によって真実を知る機会を与えられることにもなる。

遺族たちが「真実を知りたい」という要求をもっていることは少なくない。それは、なぜあの人が殺されなくてはいけなかったのか、犯人の動機は何だったのか、といったさまざまな疑問から生じてきている。彼らは大切な人を奪われたことにどうしても理解できずに苦しんでしまう。たとえば、弟を保険金目的で殺害された原田正治は、初めは犯人が死刑になることを望んでいたが、ふとしたきっかけから犯人と面会したことで心が癒される体験をしたという[8]。真実を知ることは、遺族が事実を事実として受け止めて納得し、苦しみから癒されていくための手立てとなりうる。

アメリカでは被害者に、加害者当人または他の類似する犯罪の加害者を引き合わせる場を提供するという和解のための「修復的司法プログラム」が行なわれている（ゼア編著 二〇〇六 [2001]、一九九頁を参照）。驚くべきことに、殺人事件の被害者の遺族たちと死刑囚の家族たちが一緒に旅をするという「ジャーニー」というイベントも和解のための活動として行なわれている。[9] それらは加害者側の人たちと語り合い真実を知っていくことを通じて、被害者側の人たちが悲しみや怒りなどの感情や心の傷から癒され再出発できるためのアプローチとして設けられている。

被害者を救済するという正義において、被害者感情を回復することは、経済的な援助などと並んで、重要な問題となるのである。

†「人間の回復」のための正義

最後に、犯罪によってもたらされた被害者感情を救う正義とは一体どういうものかを論じた。従来、正義における被害者感情は復讐心としてのみ重視されてきた。加害者を罰する正義において、殺人犯が死刑になれば被害者側の復讐心も満たされるとよく言われる。しかし、たとえ犯人が処罰されたとしても、なお被害者側が悲しみや怒りの感情を抱えて苦しみ続けるという問題が残る。

そこで大事なのは人間を回復させる正義の観点である。それは人間を処罰することではなく、人間を癒すことに焦点を当てたものである。悲しみとともに、怒りや憎しみが癒されることで、復讐心もまた癒されていくだろう。均衡の回復としての正義が実現されるためには、いわば「人間の回復」がなされなくてはいけないのである。

（1）ストア派には創始者のゼノンをはじめ、キケロ、エピクテートス、マルクス・アウレリウスなどがいた。ストア派の思想については岩崎（一九七五）を参照した。

（2）「まず肉体的な面では、患者が最も恐れているガン末期の激しい疼痛の緩和と除去を目指す。これはブロンプトン・カクテルなど、鎮痛剤使用法の進歩によって、現在はほぼ九十パーセントまで疼痛を除去できるようになった」（デーケン・飯塚編　一九九一、一五頁）。

（3）たとえば、柏木は「感情の受け入れとは、／①助言をあたえることではない／②安心させることではない／③感情について何かすることではない／④感情について意見を述べることではない」と、患者の感情に対する望ましくない態度の取り方を述べる（柏木　一九九六、一〇六頁）。

（4）日本語の同情と共感は日常で異なったニュアンスで使われることがあるが、ヨーロッパの言語では区別されない。たとえば、英語の "sympathy" や "compassion" は同情とも共感とも翻訳されうる。

（5）高木慶子は「グリーフケアは、一段高いところから弱者を救済するような仕事ではありません。相手と同じ目の高さに身を置き、心に寄り添い、悲しみに共感しながら、その方がみずから立ち上がるためのお手伝いをすることです。その役目を表す適切なことばをさがすならば、カウンセリングではなく「関わり」を持つことだと、私は思っています」と述べている（高木　二〇一一、九二頁）。

（6）近年では、被害者の損害を回復させることを正義の実現だと考える「修復的司法（restorative

justice)」の考えが出されている。たとえば、ハワード・ゼアは司法を「修復」と規定し、「司法の第一目標は、被害者のための回復と癒しでなければならない」と述べる（ゼア 二〇〇三［1995］、一八九頁）。また、『終身刑の死角』でも、「目指すべきは厳罰ではなく、このような被害者遺族が、そんなことを考えなくてもよいようになる「回復」のほうであろう」と指摘されている（河合 二〇〇九、一六九頁）。

（7）「犯罪被害者等基本法」、高井他（二〇〇八）一八三–一八七頁所収。また、本文は内閣府HP、http://www8.cao.go.jp/hanzai/kihon/hou.html にも掲載。

（8）原田（二〇〇四）六四頁、一五六頁などを参照。

（9）「「ジャーニー」の主催は、現在四〇〇〇人の会員をもつ市民団体「和解のための殺人事件被害者遺族の会（Murder Victims Families for Reconciliation）」（以下MVFR）。殺人により家族を失い、しかも死刑制度に反対するという、米国でも稀な被害者遺族の市民団体である」（坂上 一九九九、五頁）。

第5章　私たちはなぜ働くのか？

林　大悟

一　なぜ働くのか

†働くことの意味の希求

フリーターの増加、転職率の多さ、失業率や生活保護受給世帯数の増加、働き過ぎによる過労死、派遣切り、また、教育現場におけるキャリア教育の重視など、現代社会では働くことに関するニュースがあふれている。転職に関して言うと、インターネットでも、「リクナビNEXT」(1)、「マイナビ転職」(2)、「DODA（デューダ）」(3)、「en-japan（エン・ジャパン）」(4) などのいわゆる「転職サイト」が多く開設され、多くの人びとに利用されている。

もちろん、雇用形態の変化や景気の悪化などがこれらの大きな要因であることは間違いないが、同時に、仕事に対する失望や働くことの意味の喪失なども一つの要因と言えよう。それを証拠に「働く意味」に関する著書はビジネス書から、経済学や心理学、哲学・倫理学などの学術書までさまざまな領域に渡って多く刊行されているし（杉村 二〇〇九、三〇－三五頁）、ＮＨＫのテレビ番組でも「働く意義」について特集されている[5]。古くからあるテーマではあるが、現代は働くことの意味が改めて問い直される時代であるといえる。

†働くことのつらさ

現在就職している人は、きっと一度は働くことの意味について考えたことがあるだろう。自分の好きなことだけができる仕事などほとんど幻想であり、当然やりたくない仕事も含まれる。したくもない雑用に振りまわされたり、嫌いな人と顔を合わせなければならなかったり、朝早く起きなければならなかったり、等々。仕事である以上すべてが楽しいことばかりではなく、仕事の内容には達成困難なものも多く含まれ、そのような課題を上司から一方的に与えられることもある。たとえ働くことに「楽しみ」や「やりがい」が見出せるとしてもそれはほんの一瞬であり、実際の仕事内容がすべて楽しくやりたいことであるなど考えづらい。

現在就職活動中の学生も、社会で働くことに多くの不安を抱くかもしれない。学生生活に比べ自分の自由な時間はなくなり、右のような苦痛な日々が定年まで続くと思うとぞっとするかもしれない。

自分のやりたい仕事を探したとしても、就業したあとの仕事内容がすべて事前に分かっていることなどまれであろうし、そもそも自分の望みどおりの職業に就けるとも限らない。

働くことをリアルに考えた途端、働くことのつらさばかりが目に付いてしまう。こんなつらい思いをして、私たちは何のために働くのだろうか。

† 収入のために働く

転職コンサルタント業 en-japan が自社サイトで「あなたにとって「働く目的」は何ですか?」(6)(あてはまるものを三つまで選択)というアンケートの結果(以下、アンケート(1)と表記)を掲載している。それによると、上位から順に「収入を得るため」、「自分の能力・人間性を高めるため」、「仕事を通じて社会に貢献するために」、「社会的に自立するために」、「人間関係を豊かにするために」、「顧客に喜んでもらうために」、「やりたいことを見つけるために」、「仕事自体が生き甲斐だから」、「次世代の人材を育てるために」、「国民の義務だから」、「周りもみんな働いているから」となっており、一位の「収入を得るため」が九〇%を占めてダントツである。

私たちは、収入を得るために働き、そのほとんどを生きるためにせざるをえないことに費やしている。現実の生活を考えた場合、家賃、食費、光熱費など生きるために必要なお金が大部分であり、さらに子どもがいれば養育費や学費などさらにお金がかかる。労働は生きるという目的のための単なる手段であり、できればせずに済ませたいこととなる。

もちろん、労働がお金を稼ぐため、生きるためという、目的のための手段である側面を完全に排除することはできない。「働くことが楽しくてたまらない」と言う人に対して、「じゃあ給料をまったくもらえなくなったとしても今と同じ労働をするか」と問うたら、おそらく「しない」と答えるだろう。大部分の人にとって、「お金のためだけに働いているのではない」とは言えても「お金のために働いているのではない」とは言えないはずである。「お金などいらない。働くことが純粋に楽しいから働く」こんな奇特な人は想像しにくいだろう。

†余暇のために働く

収入のほとんどは生きるために消費され、残ったわずかなお金で余暇を楽しむ。働くことは余暇のためにせざるをえないこととして割り切って我慢する、と開き直るしかないのかもしれない。しかし、余暇を楽しむためにせざるをえないことにどれくらいの時間を費やさなければならないのだろうか。週休二日の仕事に就いているとして、余暇の時間がどれくらいあるか、ざっと計算してみよう。一日二十四時間のうち、労働八時間、通勤往復二時間、睡眠六時間、食事二時間、炊事・洗濯・掃除に一時間を費やすとしよう。週の五日間は毎日これらに合計十九時間要することとなり、それ以外の自由な時間（余暇）は一日たった五時間、休日の二日間も自由な時間は一日十五時間であり、週の合計は一六八時間のうち五十五時間となる。

このような理想的な境遇でも余暇は週の三三%であり、それ以外の七割近くの時間を余暇のために割り切って我慢しなければならない。もっとも、実際には残業も多く、ここで仮定した労働時間の八時間自体考えにくいし、子育てや家族サービスなどがあれば、もっと自由な時間は減る。家事・育児・介護などの労働にはそもそも休日などないのである。さらに仕事が過酷であれば過酷なほど、余暇ですら翌日の仕事に向けてのコンディション調整（体力維持、睡眠不足の解消など）のために使わなければならず、余暇をそれとして楽しむこともできなくなるだろう。

† 何で働かなければならないのか

このように働くことをネガティブに考えると二つの問いが頭に浮かぶ。一つは「そもそも何で働かなければならないのか」という問いである。日本国憲法第二十七条は「すべて国民は、勤労の権利を有し、義務を負ふ」と、私たちみんなに働く義務を定めている。働く義務は日常的にも「働かざる者食うべからず」という規範として語られる。しかし、そもそもなぜ私たちみんなに働く義務があるのか、という問いに対する答えはそれほど簡単ではない。本章ではまずこの問いについて考察し、社会的な規範としての働く義務の根拠を考えよう（二）。

しかし、それでも国民の働く義務に対してある種の疑問を抱くかもしれない。そこで「働く義務」、および「働かざる者食うべからず」という私たちの規範を批判的に考察したい。「ベーシック・インカム」という考え方を聞いたことがあるだろうか。橋下徹大阪市長（当時）が二〇一二年三月に公表した国政の抜本改革案「船中八策」のなかにも盛り込まれ、マスコミで話題になった制度である。(7) これは、主に貧困問題を解消するための最低所得保障構想として語られる制度構想であるが、そこから働くことに関する一つの考え方を読み取ることができる。ベーシック・インカム構想、そしてそこから読み取れる思想を検討することで、「働かざる者食うべからず」という私たちの労働倫理に対して何が見えてくるか考えたい（三）。

†私はなぜ働くのか

もう一つの問いは「私はなぜ働くのか」という個人的な動機についての問いである。この問いに対する一つの答えは「収入のため」であり、収入は「食べるため（生きるため）」であろう。しかし、お金を稼ぐこと、生きる（食べる）ことのみが働く目的なら、やはり働く意欲は沸きにくい。そこで、金銭以外で働くことへと動機づけられるような、仕事の見返りや働く喜び、仕事のやりがいについて考え、働くことから得られるポジティブな側面を明らかにしたい（四、五）。「私はなぜ働くのか」という問いは個人的な働く動機についての問いであり、具体的に考えると答えは十人十色かもしれない。しかし、その動機は無限にあるわけではなく、ある程度の普遍性をもつことに気づくだろう。

あなたにとって何が最も自分の働く動機（理由）に近いのかを考えつつ、各人がリアリティをもてる答えを見つけ出して欲しい。

二　なぜ私たちはみな働かなければならないのか

†　食べるため・社会の維持のために働かざるをえない？

「なぜ私たちはみな働かなければならないのか」。この問いに対して、「自分が食べるため、生きるために決まってるじゃないか！　働かないと収入を得られないし、収入を得ないと食べることができない」と即答したくなるだろう。この答えで説明がつくのなら、私たちが働かなければならない理由には何の謎もないことになるだろう。

この回答は「食べるためには働かざるをえない（働かなければ食べることができない）」を、「生きるためには呼吸せざるをえない（呼吸しなければ生きることができない）」のように、あたかも事実問題として必然的であるかのように語っている。しかし、「食べるためには働かざるをえない」を仮に事実問題と理解したとしても必ずしも真ではない。もちろんほとんどの人は働かなければ食べていけないだろうが、このことは必ずしもすべての人に当てはまる訳ではない。大金持ちの子どもや親の莫大な資産を相続した人、宝くじなどで大金を手にした人などのなかには「自分は働かなくてもお金があるので働く必要がない」という者もいるかもしれない。「働かなければ食べることができないから」という理由はこのような人たちに対して説得力をもたないだろう。

視点を変えて「私たちがみな働かなければならないなんて当たり前じゃないか！　みんなが働かな

ければ社会が維持できないじゃないか」と答えたくなるかもしれない。もちろん、誰も働かなければ社会は維持できないだろう。誰も働かない社会を想像すると、そこではもちろん食べるもの、着るもの、住む場所もどこにも売っていない。誰も食事すらつくらないことになる。これでは誰も生きていけなくなるだろう。誰も働かないと社会は維持できず、崩壊してしまうだろう。

しかし、このような説明に対して「社会の維持のために誰かが働かざるをえないことは分かった。しかしなぜ私も働かなければならないのか」と反論されたらどうだろうか。このような社会の維持による説明では「誰か」が働かざるをえないことは言えるかもしれないが、しかしそれだけでは「みんな」が働かなければならないことにはならない。また、みんなで協力し合って生活に必要なものをそれぞれ生産した方が結果的にみんなによい生活をもたらすことができる、という実利的な側面が強調されるかもしれない。たしかに、自分が生きていくために必要な仕事をすべて一人で行なう自給自足よりも、仕事を分担しそれぞれを協働した方が効率がよく、私たちの暮らし向きもずっとよくなるだろう。しかし、作業効率の点から考えると、社会の成員「みんな」が働いた方が生産力が拡大するというのも幻想かもしれない（竹信 二〇一二、一一六－一一七頁参照）。

このように考えると、「自分が食べるため、生きるため」という理由も、「社会の維持のため」という理由も、私たちみんなが働かなければならないことを必然的とする理由にはならない。改めて考えると「私たちがみな働かなければならない」ことの根拠はそれほど自明でもないのだ。

†働く義務の根拠としての「互恵性」の原理

しかし、それにもかかわらず日本国憲法には「すべて国民は、勤労の……義務を負ふ」と、私たちみんなの働く義務が明記されているし、私たちは日常的にも「働かざる者食うべからず」という規範を語る。しかし、なぜ私たちはみな働く義務を負っているのだろうか。働かなくても十分食べていける者、働こうとしない人に対しても「働くべきだ」と言いうるその根拠は何か。私たちの働く義務という倫理的な規範の根拠は何だろうか。考えてみよう。

ここで、社会の維持のために誰かが働かざるをえないという、先ほどの論点に戻ろう。働いて食べている人がいる一方で、働かなくても食べていける人がいる。このような現実に対して、「自分はあくせく働いて社会に貢献しているのに、働かずに食べていける（収入を得る）者がいるのは不公平だ」と感じるだろう。社会の維持のためには誰かが働かざるをえない、しかし特定の誰かだけが働かなければならないのは不平等であるという不平等感覚がここに働いている。

このような平等原理から働く義務を根拠づけるものとして挙げられるのが「互恵性」の原理である（橋木・高畑 二〇一〇、五七‐五八頁、他）。「互恵性」の原理とは、分かりやすく言うと「他者から何かをしてもらったらお返しすべき」という倫理原則の一つである。

私たちが社会をつくって生活するのは、各人が孤立して一人で働くよりも、生きるために必要な仕事を分業し、ともに働いた方がはるかに効率的でよりよい生活をもたらすことができるからである。私たちの社会におけるあらゆる仕事はこのような協働のネットワークのなかにあり、私たちは誰しもそのような社会的協働の恩恵を受けている。たとえば、私たちが毎日の食材を手軽に入手できるのは、誰かがスーパーマーケットを営業しているからであり、スーパーマーケットを営業できるのは、誰かがそこで販売する食材を生産しているからである。労働は各人の個人的な活動として完結しているのではなく、つねに社会との関係のうちにある。他者から恩恵を被っているなら自分も他者に対してお返しをしなければならない（互恵性の原理）。私たちは誰もが他者（社会）の労働の恩恵を被って生活している。ならば私たち誰もが労働によって他者（社会）に恩恵を与え返すべきだ、という訳である。

このような説明のもとでは、「働こうとしない者」は社会からの恩恵を一方的に受け取るだけで自分は社会に対して貢献しようとしない者、すなわちフリーライダー（タダ乗り）として倫理的な非難の対象となる。このような理屈をもって、「働かなくても食べていける」者に対して、「働かないと食べるべきではない（働かざる者食うべからず）」という労働の義務を説明できる。「働かなくてもお金はぞんぶんにあるので自分は働く気はない」という者に対して、働く義務を納得させるだけの根拠としてこのような互恵性による説明は説得力をもつであろう。

三　働かざる者食うべからず？

†　働く義務を疑おう！

「働くことは私たちの義務である」、「働かざる者食うべからず」。理屈のレベルで納得するとしても、それを働く動機としてリアルに感じている人はどれくらいいるのだろうか。本章冒頭で触れた、株式会社 en-japan のアンケート（1）を参照しよう。設問「あなたにとって「働く目的」は何ですか？」に対して、「働くことが国民の義務だから」と回答した者はグラフを見る限り二十代、三十代、四十代、五十代、全体すべてにおいて五％を下回っている。アンケートの有効回答数（三七八名）を見る限り統計学上有効なデータであるとは断言はできないが、どの世代においても「働く義務」の意識が薄れていることはうかがえる。国民の義務ゆえに働くというのはもはや私たちの感覚に合わないのかもしれない。

これまでの考察は、私たちの働く義務の根拠は何か、を問うものであった。しかし、そもそも「働く義務」あるいは「働かざる者食うべからず」という倫理規範それ自体は私たちの社会にとって必然的なのだろうか。この規範そのものを一度根底から疑ってみよう。

† ベーシック・インカムの思想

この問いに答えるために、冒頭で触れたベーシック・インカムという考え方を手がかりにしよう。「ベーシック・インカム（Basic Income）」とは、「資産調査あるいは労働の要件なしに、無条件にすべての人々に個人ベースで給付される所得[8]」である。ベーシック・インカムは、主に貧困問題を解消するための最低所得保障構想の文脈で論じられ、ベーシック・インカムの実現可能性を検討する際の財源の問題や、その具体的な支給額の問題などについても経済学などの分野で議論されている。また、思想的にもベーシック・インカムをどのように解釈するかはベーシック・インカム肯定論者の間でもさまざまに語られ、どのような思想をそこに見出すかについても多岐に及んでいる。

本章の主題は貧困問題の解消ではないし、ベーシック・インカムの是非やその実現可能性でもない。本章の狙いは、ベーシック・インカムという考え方を通じて、「働く義務」、「働かざる者食うべからず」という規範、およびその根拠としての互恵性の原理を相対化することによって、私たちの社会においてほとんど常識化している規範から自由になる道を探ることにある。この制度に注目することで、働くことに関する私たちの規範を再考するきっかけがつかめるかもしれない。従来の規範を相対化するラディカルな考え方のモデルとして、ベーシック・インカム構想から見えてくる、新たな労働の規範を捉えよう。

ここでは、働くことについての従来の倫理観を再考するために、ベーシック・インカム構想のなかでも、より純粋な形でのベーシック・インカム、すなわちそれだけで十分生活できるだけの最低所得が保障された「完全ベーシック・インカム」（フィッツパトリック 二〇〇五［1999］、四二頁）をモデルとしよう。そして、この構想が意味する基本的な考え方の一つとして、ここでは「労働と所得の分離」（小沢 二〇〇二、ヴェルナー 二〇〇九［2007］、他）という点に注目したい。[9] ここから前節で確認した、「働く義務」、「働かざる者食うべからず」という倫理規範に対して何が言えるだろうか。

†互恵性か自由か

働く義務の根拠となる「互恵性」の原理、すなわち「他者から何かをしてもらったらお返しすべきである」という倫理原則について検討しよう。すでに考察したように、互恵性の規範はたしかに「働けるけど働こうとしない」者に対して労働の義務を説明する原理としては有効だろう。しかし、現実社会を考えると、特定の生活保護受給者や障害者など、「働きたくても働けない」者が大勢いる。彼ら/彼女らは、社会から恩恵を受けているが、それに対して自らの労働で社会にお返ししたくてもできない。互恵性という規範はそのような者に、自分は社会に貢献できないが、社会から一方的に恩恵を被って生きているという、負い目、恥辱感を与え続けることになるだろう。

これに対してベーシック・インカムを「労働と所得の分離」という観点で捉えたとき、そこで鍵となる原理は「自由」である。たとえば、働きたくても働くことができず自らの労働による収入をもてない一部の失業者や障害者、性別役割分業によって家事労働というアンペイドワークへの従事を強いられている専業主婦(夫)などにとって、収入は自分以外の家族に頼らざるをえず、自分が食べるために他者の収入の世話になるという経済的な依存状態が生じうる。このような人びとに対して、労働とは独立に各自に収入を確保することによって、自らの生き方の選択を可能とする実質的な「自由」を与えることができる(パリース 二〇〇九［1995］参照)。ベーシック・インカムという、働かなくても所得が保障される制度の構想は、働けない者、収入のない者が収入のある者に経済的に依存する状態から解放され、だれもが自らの財布で自らの生き方を自立的に選択する自由を実現させる構想として捉えることができる。

もしベーシック・インカムに見出せる「労働と所得の分離」としての「自由」が一定の意味や説得力をもつのであれば、「互恵性」の原理は必ずしも絶対的ではないと言えるだろう。互恵性の原理が絶対的な価値ではないならば、それによって根拠づけられる「働かざる者食うべからず」という倫理規範もまた相対化することができる。この規範は、「働くこと」と「食べること」(働いた所得によって生活すること)は切っても切れないものであることを前提している。しかし、労働と所得を切り離すことによって、「働かざる者食うべからず」に「働かなくても食べてよい」という規範が取って代わる。「働かざる者食うべからず」という規範は自明ではなく、その規範を相対化する制度によって働くことはもはや当然の義務でなくなるのである。

† フリーライダーは存在しない

ベーシック・インカムに対する典型的な倫理的な批判として、フリーライダーの存在が挙げられる(フィッツパトリック 二〇〇五 [1999]、六八-六九頁、七五頁、田村 二〇〇八、九〇-九二頁、武川 二〇〇八、三四頁、橘木・高畑 二〇一二、五七-五八頁、他)。働かないのに所得を得るフリーライダーの存在を肯定するベーシック・インカムは、互恵性の原理を犯すので認められないという批判である。

しかし、互恵性は働く義務を根拠づける原理であるが、そもそも互恵性の原理を前提しないのならば、必ずしも働く義務を規範とする必要はない。フリーライダーを根拠とする批判は「互恵性」を労働の倫理原則として前提する場合にのみ言えるのであり、それを前提せず、働かずに収入のみを得ることを正当な行為として認めるならば、そもそもタダ乗りではないのであり、フリーライダーという考え方そのものがなくなる。

互恵性による「働かざる者食うべからず」という規範は、ある種の平等原理に訴えることを意味した。働かなければ食べられない者からすると、ろくに働かなくても収入がある者がいることにはたしかに不平等を感じるだろう。しかし、ベーシック・インカムによる無条件な基本所得の給付という構想もある種の平等性は担保している。家事労働や家族の介護など、働いているのに金銭的な報酬を受け取らないアンペイドワークに従事している者は大勢いる。働いていないのに収入を得る者に対して私たちは不平等感を覚えるが、働いているのに収入を得られない者を考えたときにも不平等を感じるだろう。現行の制度の場合、家事や介護などのアンペイドワークの従事者には収入がない。その意味では、むしろ、ベーシック・インカム制度の方が有償労働と無償労働の間にある不平等は解消できると言えよう。ベーシック・インカムによって、ペイドワーク、アンペイドワークの分け隔て無く一定の報酬を与えることも、ある種の平等の実現といえる。

両者において、平等原理が適用される場面は異なる。しかし、平等原理が必ずしもみんなが働くべきという場面に適用されなければならない訳ではない。どちらも平等という観点は担保しているのである。

†「働かないと食べることができない」は事実命題ではない

ここで本章二の冒頭で挙げた、「働かないと食べることができない」という命題の意味について考えよう。私たちはこのことをあたかも「生きるためには呼吸をせざるをえない」のような、疑いようもない事実として、食べることと働くことが必然的に結びついているように感じがちである。しかし、働く／働かないにかかわらず生きるための所得を給付する完全ベーシック・インカムは、「働かなくても食べることができる」社会制度、働くことを食べる（収入を得る）ための必要条件としない制度である。このような「働かなくても食べることができる」社会を想像できるなら、そこから「働くこと」と「食べること」の因果関係が必然的でないことが分かるだろう。

「働かなくても食べることができる」制度は、働かずに食べる生き方を許す制度である。「できる／できない」という言葉には、事実として物理的に「可能／不可能である」という意味と、行為規範としての「〜してよい／すべきでない」の二つの意味があるが、働かなくても「食べることができる」は、働かない者にも「食べてよい」生き方を許す規範を意味する。だとすれば、「働かないと食べることができない」も同様に、働かない者が食べる生き方を許さない、「働かないと食べるべきでない」という規範の言い換えであって、事実問題について述べた命題でないことが分かるだろう。「働かないと食べることができない」は、社会規範を語る命題なのである（第2章参照）。

私たちの社会では「働かないと食べることができない」が純然たる事実のように思えてしまいがちであるが、それは「働かざる者食うべからず」という規範があまりにも当たり前のこととして前提されているからである。「働くこと」と「食べること」の関係は、「働くこと」を「食べてよい」の条件にするか否かという、私たちの規範の選択に左右される相対的なものである。

「働かなくても食べてよい」という規範と比較することによって、「働かないと食べることができない」が、実は事実的な因果関係を語る命題ではなく、私たちに課された規範的な生き方を語る倫理的な命題に属することが明らかとなる。ベーシック・インカム構想の思想的な魅力は、このような従来の労働の倫理、労働に関する私たちの常識を改めて疑うことのできるラディカルさにあると言えよう。

四　自分の能力を発揮したい

†「働くべき」から「働きたい」へ

ベーシック・インカムについて考えることによって、私たち個々人の働く動機についても改めて問い直すことができるだろう。食べるための最低限の所得が保障された状況を想定することで、労働が食べるため、収入を得るためのものではなくなる。(10) 完全ベーシック・インカム制度が可能となれば、労働はせざるをえないこと、すべきことではなく、したいこと、私たちの欲求の対象として描かれるだろう。それによって単に食べるため、生きるための手段ではない、働くことの意味を改めて問う純粋型ができるだろう。何かのための単なる手段としての労働ではなく、働くことそのもののうちに見出せるような働く動機って何だろうか。

ここからの問いは要するにこうである。食べるための収入が確保されたとしたら、あなたはそれでもなお働くか。働くとしたらそれは何のためか。私たちが働く欲求へと向けられるような、個人的な働く動機について考察しよう。

†能力の発揮と他者の承認

働く義務がなく、働かなくても食べていけるとしたら、あなたは働くことを続けるだろうか。en-japan のアンケート（アンケート（1））では、「仮に生活を維持するための十分な収入が保証された場合、今の仕事（離職中であれば前職の仕事）を続けたいですか？」という、ベーシック・インカムを想定したかのようなアンケートの結果も公表されている。結果は二十代－五十代全体で、「今（前職）の仕事を続けて行きたい」三一%、「今（前職）とは別の仕事につきたい」五三%に対して、「働かずに悠々自適に暮らしたい」が一六%であり、食べるための収入が確保されたとしても働くことを希望するものが多いことが伺える。

en-japan はまた、別のアンケート「仕事でやりがいを感じるのは、どんな時ですか？」（以下アンケート（2））の集計結果を掲載している。[11] 結果は、一位「興味のある仕事をしている時（四五%）」、二位「ひとつの仕事をやり遂げた時（四三%）」、三位「目標を達成した時（三九%）」、四位「お客様に喜ばれた時（三一%）」、五位「責任のある仕事を任された時（二八%）」、以下「給与が上がった時」、「尊敬する人と仕事をしている時」、「チームで仕事に取り組んでいる時」、「自分の提案が通った時」、

「困難な目標を与えられた時」、「部下の成長が感じられた時」、「上司にほめられた時」、「昇進した時」、「その他」であった。これらの回答のなかに、「能力の発揮」、「他者による承認」という二つの点を見出すことができる。この二つの観点をもとに、アンケート結果を参照しつつ、働く意味を考えよう。

† 能力の発揮

まずは「能力の発揮」という観点から考えよう。各人の固有の能力を発揮することは古典的な幸福観の一つとして語られる（細川 一九九六、一二一 - 一二三頁）。ピアノを上手に弾く能力のある人が、ピアノを弾くことに快（幸福感）を感じることなどが、その例と言える。この幸福は働くことにおける幸福、仕事のやりがいとしても語ることができるだろう。人は自分に固有の能力（もちろんその能力が何かは人それぞれだが）を発揮できる仕事にやりがいを感じ、逆に能力を発揮できない仕事はやりがいのないつまらない仕事と感じるだろう。ただし、どれだけ固有の能力の発揮と言っても、単に「やれることをやる」のでは再びつまらないだろう。たとえば、ワープロを打つ能力があったとしても、ワープロを打つ仕事を日々淡々とこなすのはやはり苦痛であり、そこにやりがいは見出しにくいだろう。

ここで、能力の発揮としての幸福のポイントは、単にやれることをやることにあるのではなく、困難な目標・課題に打ち克つことにあるだろう。たとえば、ピアノを弾く能力のある人を例に挙げると、子どもでも弾ける簡単な曲よりも自分の能力を最大限に発揮できる難しい曲を弾くことの方がより快感情を得ることができる。このことは仕事にも言えるだろう。能力の発揮から仕事のやりがいを考えたとき、ある程度の困難な課題を乗り越えるときにこそやりがいは大きくなるのであり、抵抗が大きければ大きいほどそれを乗り越えるときの能力の発揮の快は大きくなるだろう。仕事を終えたときの「達成感」や「充実感」、「自分で自分を誉めてあげたい」という「自己肯定感」がしばしば語られるが、それはまさにこのような困難な課題に打ち克った後に得られる感情だろう。この観点からみると、アンケート（2）の「ひとつの仕事をやり遂げた時」、「目標を達成した時」は能力の発揮としての仕事のやりがいとして捉えることができる。

現実の仕事内容を考えると、すべてが自ら進んでやりたいことではない。苦痛な作業や達成困難なものも多く含まれ、困難な課題を与えられることもある。これは私たちが働く意欲を失う大きな要因となるかもしれない。しかしこの困難さこそが、その抵抗に打ち克つ快やそれを乗り越えたときの達成感を与えるだろう。これらの考察から、働くことにおける苦痛の内実も窺い知ることができる。働くことにおける真の苦痛は困難な課題にではなく、むしろなんの困難もない作業、退屈な作業にあるのではないだろうか。

† 能力の発揮と社会的承認の関係

しかし、その人固有の能力を最大限に発揮しさえすればどんなことにでも喜びを感じるという訳ではないだろう。先ほどピアノを弾く例から能力の発揮という側面を捉えたが、その能力の発揮の快はピアノを弾くという行為が、社会的に承認されているからではないだろうか。私たちの社会では音楽という文化があり、ピアノの演奏が協奏曲の編成における役割を担い、ピアノを上手に弾くという行為に対して社会的な評価も与えられうる。仮に、ピアノ演奏に対するこのような社会的な認知がなく、変な騒音の出る訳の分からない装置をいじっている迷惑な行為としか記述されないのなら、どれだけ超人的な技術でピアノを弾きこなせたとしても、その能力の発揮に喜びを感じることはできないのではないだろうか。

そうだとすれば、能力の発揮における働く喜びを可能にするのは、その行為に対する社会的な承認であり、後者の方が私たちのやりがいや喜びという観点ではより根源的であろう。そこで、最後に「他者による承認」という観点から働くことの喜びを捉えてみたい。

五　仕事を通じて認められたい！

† 他者による承認

私たちの働く意味が語られるとき、「承認」（他者による承認、承認欲求）による説明が最も一般的である。分かりやすく言うと、私たちは他者に承認される欲求をもっているのであり、その欲求が満たされたときに私たちは働く喜びを感じるというものである（橋木 二〇〇九、二〇－二二頁、大庭 二〇〇八a、八〇－一〇九頁、今村 一九九八、一二六－一五五頁）。仕事によって社会とつながり、自分の能力や仕事が他人に認められる。他人の役に立つ。自分の仕事によって他者から感謝される。このようなときに私たちは働くことの喜びや仕事のやりがいを感じる。

二で話題にした「社会的協働」を思い出そう。私たちの仕事において、それだけで孤立した自己完結するものなどありえず、どんな仕事でも社会的協働のネットワークのなかにある。たとえば、車の部品をつくる仕事は、一台の車を完成させる仕事の役に立っているし、それは車を販売する仕事に、そしてそれは車を購入する一般客や車を使って商売する仕事の役に立っている。どんな仕事でも顧客、同僚、関連企業など誰かの役に立っているし、必要とされている。働くことは、個人的なことではなく社会的なことであるが、私たちの働く喜びもこの社会性を通じて得られると言える。

† 承認のリアリティを感じるか

先のアンケート（2）の「お客様に喜ばれた時」、「上司にほめられた時」などは、他人から認められるという承認欲求の満足として即座に理解することが出来る。また「責任のある仕事を任された時」、「自分の提案が通った時」、「困難な目標を与えられた時」も自分の能力や貢献への評価や信頼として理解できる。これだけの回答を承認によって説明できることからみても、それが私たちが仕事のやりがいや喜びをリアルに感じる重要な要素として説得力をもつと言えよう。

どんな仕事も社会的協働のネットワークの一翼を担っている。このことは知的には理解できる。より形式的に言うと、よほど反社会的な仕事でもない限り、誰のどんな仕事でもすべて社会の役に立っている。しかし、社会的承認をこのように形式的に理解しても働く喜びや意欲には直結しないだろう。私たちが実際に働くとき、他者からの承認をリアリティをもって実感できるかどうかが問題であり、役に立っていること、必要とされることをリアルに感じられるか否かが最も切実な問題であろう。

「他人の役に立つこと」、「感謝されること」、「他人に必要とされること」、「社会参加の実感」などはたしかに私たちにとって働く喜びであり、働く動機となることは間違いない。アンケート（2）でもこれだけ多くの項目が承認欲求に関わっている。私たちは承認欲求の満足を実感するときに仕事のやりがいを感じるが、逆にそれを実感できないときに働くことの意味を見失い、仕事へと動機づけられなくなるのではないだろうか。

† 収入って何だ!?

私たちは承認欲求によって働くことへと動機づけられる。このことは、現代社会におけるボランティアやＮＰＯ法人の増加などのうちにも読み取ることができるだろう。たしかに、最近では就職を有利に進めるための手段としてボランティア活動を行なう学生などが増えてきてはいる。しかし、本来の理念は、金銭的報酬や利潤の追求など、他の目的のための手段ではなく、純粋な社会貢献のはずである。儲けにならないにもかかわらずボランティアやＮＰＯで働く動機を、他人の役に立つこと、他人からの感謝、社会とのつながり、などの承認のリアリティへの渇望として捉えることができよう。

このような純粋型を考えると、金銭的な収入を、生きるためよりよい暮らしをするための手段として、働くことそのもののうちに見出せる純粋な喜びややりがいを不純にする要素として捉えてしまう。しかし、金銭的報酬は必ずしも承認という動機とぶつかる訳ではない。承認欲求という観点からみたとき、収入は自分の他者（社会）への貢献度をはかる物差し、自分の働きに対する社会的評価の現われとして理解できよう。だとすると、アンケート（2）の「給与が上がった時」、「昇進した時」も単に生きるための手段を得る喜びでなく、承認欲求の満足のしるしとして捉え直すことができる。[12]

金銭的収入は食べるための手段であり、また自分の社会による承認を確認するための物差しでもある。私たちにとって収入って何だろうか。そもそも私たちはなぜ働くのか。本当の動機が何かは自分でも分からないかもしれないが、改めて自問して欲しい。

（1）「リクナビＮＥＸＴ」、http://rikunabi-next.yahoo.co.jp/。
（2）「マイナビ転職」、http://tenshoku.mynavi.jp/。
（3）「ＤＯＤＡ」、http://doda.jp/。
（4）「en-japan」、http://employment.en-japan.com/。
（5）たとえば、ＮＨＫ総合「Q～わたしの思考探究～「働く意義とは」」二〇一一年一月二十九日放送。
（6）「en-japan」「第59回アンケート集計結果　「働く目的」について」、http://consultant.en-japan.com/html/enquete_report/report_59.html（二〇一三年一月七日アクセス）。
（7）「朝日新聞」三月十一日朝刊、三七頁（大阪版）。
（8）「Basic Income Earth Network（BIEN）」、http://www.basicincome.org/bien/。

（9）これは、あくまでも一つの考え方であり、ベーシック・インカムを支持するすべての論者が共有している訳ではない。

（10）もちろん、ベーシック・インカムはどう高く見積もっても最低生活保障額の給付なので、それ以上のより豊かな生活を送りたい者はその収入を得るために働くことを欲求するだろう。

（11）「en-japan」「第17回アンケート集計結果「仕事のやりがい」について」、http://consultant.en-japan.com/html/enquete_report/report_17.html（二〇一三年一月七日アクセス）。

（12）ペイワークなしには、社会参加の実感は得られない（小沢 二〇〇二、一四五頁参照）という主張もある。

第6章　民主主義でどこまでいける？

寺田篤史

一　自分のことは自分で決めたい

† タレント知事への期待

橋下徹大阪市長を知っている読者は多いだろう。テレビ番組出演でタレント弁護士として知られていたが、その後政治家に転身し、大阪府知事、大阪市長を歴任した。彼が発足させた地域政党「大阪維新の会」は地元大阪で大勢力となり、その勢いで国政政党「日本維新の会」も設立し、政治関連のニュースを賑わせている。なぜ、大阪という大都市圏ではあるにせよ一地方の首長の振る舞いがこれほど注目されたのだろうか。

もちろん、橋下徹が政治家転身以前からテレビなどで活躍する有名人であったことがその理由として挙げられるだろう。有名人が知事選に出馬して当選した例は過去にいくつもある。近年では、精力的に地元宮崎を全国に向けてアピールした東国原英夫元宮崎県知事による知事ブームが記憶に新しい。しかし、知名度だけで政治家が政治家として支持されるはずがない。もし知名度だけで政治家として活躍できるとすれば国会のタレント議員は政党に投票する比例区でなく立候補者に投票する小選挙区からでも十分当選できるはずだが、そのような選挙戦略を採る政党はないからである。

大阪府民に対する朝日新聞による二〇一二年二月の調査では橋下市長の支持率は七〇％、維新の会の国政進出に期待する人は五九％であった[1]。橋下徹とその政党への期待の背景には国政の閉塞感・停滞感やその中心にいる既存政党への失望があるとみられる。タレント知事たちが注目されるのは、彼らがもつある種のカリスマ性や世間への発信力でもってこの閉塞感・停滞感を打開してくれそうに見えるからである。しかしより重要なのは、そうした能力をもった人材が地域住民による直接投票によって選ばれることである。ここに橋下市長のような首長の動向に私たちが注目する意味を見出すことができるだろう。

† 民主主義への渇望

国を率いるリーダーである総理大臣は、国政選挙によって選ばれた代議員のなかから間接的なやり方でしか選ばれない。だいたいは政権与党の党首から選ばれることになり、その党首は政党のルールに従って党員から選ばれる。選挙を経ずに首相が交代する場合、どこの党にも属さない有権者にとっては自分とおよそ関わりのないところで国のリーダーが選ばれることになる。国政に閉塞感を感じるとすれば、その一端は自分自身の選択が反映される気がしないもどかしさにあるだろう。

それに対して、地方の首長の場合は住民自身がリーダーの資質を値踏みして選ぶことができる。また、自分の地域の行政の長なのだから、国の長よりも問題意識を共有しやすいし、候補者に行動力や指導力があれば、問題解決のスピード感をさらに感じられる。そうした首長を選んだ場合は、人びとは自分たち自身の意志と力で自分たちの地域を統治しているという実感が湧きやすいだろう。

政治に自分たち自身の意志を反映させる、つまり統治のあり方を統治される側である自分たち自身で決めるという自己統治の思想は民主主義の理念である。日本は民主主義国家であり、わが国の民主主義は人民主権に基づいている。わが国では、統治に必要な法律を作るのも、法律に従って行なわれる行政の長である首相を選ぶのも国会議員である。その議員を選出する権利を国民自身がもつというところに、国民が統治の最終的な権力（主権）をもつことの意味が求められる。しかし、先述のようにこのレベルでの自己統治の実感は結果として得にくいものになっている。行動力をもった候補が現われる地方政治が注目されるのは、自己統治の欲求、民主主義的なものへの渇望が私たちにあるからといえないだろうか。自分たちが直接選んだ首長が発信力をもって行政にあたることで自己統治への欲求が満足され、この渇望が癒されることを私たちは期待しているのである。

†自己統治を進めるために

自分たちを自分たちで統治する実感が求められている。タレント知事への注目はその一例にすぎない。この章の課題は、自己統治の観点からどのような社会のあり方が可能なのかを検討することである。本章で取り上げる話題は、地方分権、裁判員制度、外国人参政権の三つである。これらの問題のどれもが、私たちの、民主主義的でありたい、自己統治したいという要求と関連している。

地方分権化は急速に進められている。地方自治体の首長はこぞって国から地方への権限委譲を唱え、道州制の構想においては立法権まで含めた強力な分権を進めている。自分たちの声が国政に届かないことへの国民の不信感があるのではないだろうか。政治参加への欲求の裏返しともいえる。

裁判員制度が拙速ともいえる手続きで導入されたのは、この制度を推進していた国や最高裁が、司法判断と市民感覚との乖離により司法が国民から支持されない（民意に反してしまう）ことを恐れていたからのように思える。民意が反映されず、自己統治すなわち民主主義が実現されていないことへの国民の不信感を慰めるために、この制度が必要とされたのではないだろうか。

外国人参政権は民主党や共産党などが長年掲げてきた政策である。ここには日本の政治参加したいという外国人、主に在日韓国人や在日中国人の政治参加への熱がある。外国人の自己統治に対して私たちはどのような態度をとることができるだろうか。

二　地域のことは地域で決めたい

†地方分権と地方自治

まず、政治参加における自己統治の問題として、地方分権を取り上げよう。二〇一二年八月三十日、「大都市地域における特別区の設置に関する法律」が可決された。先述の橋下徹率いる大阪維新の会が目指している大阪都構想を実現する法律である。当時の与党民主党は、この法律を地域主権（地方分権）の流れの一つの象徴として位置づけていた。(2) 大阪維新の会は、大阪都構想の実現によって大阪の地方自治を強化することを目指しているようである。

地方自治とは、市町村や都道府県といった地方自治体（地方公共団体）における自己統治である。地方分権（地域主権）とは、地方を自治の主体とし、国（中央）に集中している統治の権限を地方自治体に委譲していくことである。二〇一〇年までに行なわれた平成の大合併や、政府や全国知事会などで議論されている道州制の導入も地方分権（地域主権）化の一環とされる。地方自治を強化していく、ということは自己統治の実現に関してどのような意義をもつだろうか。

†地方自治の理念としての補完性の原理

地方自治の理念として補完性の原理がしばしば引き合いに出される（全国知事会 二〇〇四、九九頁以下)。補完性の原理とは、個人で行なえることは個人で行ない、個人でできないことは家族で取り組み、家族でできないことは地域で、地域でできないことは国で、といったように、より大きなコミュニティはより小さなコミュニティの活動を補完するためにある、という原理である。ヨーロッパ地方自治憲章第四条における「公的な責務は、一般に、市民に最も身近な当局が優先的に遂行する」が、その代表的な定式である(杉原 二〇〇三、一八〇頁)。日本でも地方分権を根拠付ける原理として注目されているが、ここに自己統治の理念を見出すことができる。自治活動を考えたとき、個人はその活動の最小単位である。自分でできることは自分でする、という個人の主体的・自立的活動が補完性の原理の基礎に置かれている。自分の行為が自分の意志に基づいてなされるという自己統治を、この個々人の主体的活動のなかに見出すことができる。

補完性の原理において、大きな団体はより小さな団体(ひいては個人)の活動を補完するものとして理解される。自治はまずもって個人において成立すべきものであり、そこで実現・解決できない問題が現われたときに、その問題に対処する権限を委譲されたものとしてより大きな団体が要請されるわけである。通りに出るための私道の整備は個人や家族でできるかも知れないが、隣の集落に行くための道路の整備は市町村などのより大きな団体に任せるしかない。同様に、より広域を結ぶ道路は都道府県や国に任せるしかない。このようにして、道路を通すという自治活動がより上位の団体によって補完される。

補完性の原理からすると、まずもって個人の自己統治が出発点にあり、地方自治体や国などがもつさまざまな権限はそれを実現するための手段として理解することができる。この観点から、身近なところで処理されるべき問題はできるだけ身近なところで、しかも自分自身が関わる自治という形で扱われるのがよい。より身近な場所で自治が行なわれるということは、自己統治を行ないたいという私たちの民主主義的な要求にも適う。だからこそ、中央政府に権力が集中するのでなく、地方分権が進められるべき、となるのである。

†どこまで分権するか

補完性の原理に定位することで、地方分権が民主主義への要求を満たしうる方策であることをみた。しかし、分権を進めるといっても、中央から地方へどの権力をどの程度移すべきなのだろうか。統治のための権力は、憲法における権力分立論にみられるように、法律を作る立法権、法律に基づいて裁判する司法権、法律を執行する行政権の三つに分けて考えられる（長尾 二〇一一、一八八頁）。これらの権力が中央政府に集中している状態を中央集権、地方に権力がより分散している状態を地方分権という。分権は主に行政権と行政のための財源の移譲にとどめるのか、それらに加えて立法権も移譲するのか、という点で問題になる。

まず、行政権の移譲について検討しよう。地方分権が議論されるとき、二重行政の解消によって無駄を減らすことや、地域のニーズに即して効率的な行政が可能になることなどが分権のメリットとしてしばしば語られる。ここで考えられているのは、中央から地方への行政権の移譲である。法律は立法権をもつ国が定めるが、その法律の目的をどのように実現するかは地方行政の裁量に任されるべきだ、というわけである。そのために行政権とそれを行なうための財源を地方に移譲することが主張される。この行政権の分権に重きを置く考えの中心にあるのは、効率性の追求である。交通量に対してあまりに立派な橋や道路を建設したり、同じ問題にあたる窓口が国の出先機関と地方自治体で重複したりするケースはやはり無駄である。どのような施策が必要かは、地方によって異なるだろうし、何よりそこに住まう人びとに近い地方自治体のほうが、中央政府よりもニーズをよく把握して効率的に施策を行なうことができるだろう。そのために行政権とその財源を移譲することが必要だ、という主張は理解できる。

しかし、はたしてそれでいいのだろうか。効率性を求めるということが目的なら、地方分権でなく強力な中央集権の方が効率よく行政を行なうことができるかもしれない。何事もまずは地方で対処するということになれば、災害復興など迅速な対応が求められる事態では、かえって非効率に陥る可能性もある。効率性のみで地方分権の必要性を語ることは、それほど私たちに訴えかけてこないだろう。分権論の中心にある財源委譲の要求には単に効率性だけでなく、多少非効率であっても「自分たちの問題は自分たちで処理したい」という自己統治の素朴な要求が含まれているはずである。

そこで、自己統治に注目した場合、地方分権は単なる行政権と財源の移譲でなく、立法権の移譲の問題になる。身近に生じた問題を処理するだけでなく、自分自身を律する法律を自分たちにより身近なレベルで作るということは、自己統治の要求にも補完性の原理の趣旨にも適うことだからだ。

†連邦制

補完性の原理に沿って考えるなら、立法権をも分権する方がいい。それを実現するやり方が、連邦制である。連邦制を採る国としては、アメリカ、カナダ、オーストラリア、アルゼンチン、ブラジル、スイス、ドイツ、インド、パキスタンなどがある（岩崎 一九九八）。またその成立もいくつかの国が連合してできたものもあれば、単一の国がいくつかの州に分割されてできたものもある。州がもつ権限も国によって差があるが、ここではアメリカを例に取る。アメリカにおいて、連邦を構成している州はそれぞれ一つの国家といえるほど広範で強力な自治権をもっている。連邦とは文字通り国家（邦、州 state）の連合体である。アメリカ人は連邦憲法に則った連邦議会とそれを執行する連邦政府・連邦裁判所をもつが、各州においてもまた固有の憲法をもち、独自の立法府や行政府、裁判所などがそろっており、州の間で法律も異なっている。連邦政府の役割は連邦全体に関わる問題の処理や外交や軍事に限られることになる。

立法権の移譲で何ができるようになるのだろうか。ルールの制定に関しては、行政権のみの移譲の場合、国が立法権をもち、地方は限られた条例制定権のみもつ。基本的な権利義務、賞罰は国のレベルで決められ、地方はたいしたことはできない。日本の地方自治体による条例制定は一種の立法であると考えられるかもしれないが、それはあくまで国があらかじめ作った法律の制約が前提である。他の自治体と大幅に異なったルールをもった自治体は日本にはそうないだろう。

連邦制においては地方自治体が非常に大きな自治権をもっている。アメリカではマサチューセッツなどのいくつかの州で同性同士の結婚が認められている。ほかにも、州によって死刑制度が維持されていたり廃止されていたり、医師の幇助《ほうじょ》による自殺も州によっては合法化されている。この意味でアメリカの州は、日本の地方自治体に比べるとはるかに強い独立性、自治性をもっている。その独立性を特徴付けているのが立法権の分権であり、これが連邦制の本質なのだ。

このような強力な分権が可能なのは、アメリカの最高法規である合衆国憲法が、各州の立法府が連邦法に反した法律を制定することをあらかじめ禁じていないからである。(3) 各州の法律が連邦法に反しているかどうかは、立法の後に初めて問題になるのである。アメリカのオレゴン州には、終末期の患者に対して本人の自発的意思を前提に医師が致死薬を処方すること（自殺幇助）ができる尊厳死法という法律がある。この法律の連邦憲法に対する合憲性が争われたが、それは法が住民投票により成立した後だった。このことは、連邦に対して州が強い独立性、自治性をもつことをよく示している。州は連邦で禁止されている医療用大麻の使用を合法化するなど、連邦法に反している法律であっても成立させるほどの自治権力をもっているのである。

† 直接民主制という理想

政治に国民が直接参加する直接民主制は、自分に関することは自分で決めるという自己統治の理念からみれば、決定に代議士を挟む間接民主制より望ましい制度といえる。すると、代表者によるのでなく国民自身がすべてを決定する直接民主制は、自己統治の理想型ではないだろうか。ここで、政治への直接参加の道を検討しよう。

直接参加の方法として、国民投票や住民投票が考えられる。アメリカやスイスでは、実際に多くの法案や政策が市民による住民投票で直接決められている。だが、間接民主制において代議士に任せている要素、つまり法案を発議し意見交換し議論を重ねるという要素も含まなければ、本当の直接参加とは言いがたいだろう。この点で、直接民主制は大人口の国や広い国土には向いていないといわれる。だからこそ、多くの民主主義国で代議制が採用され、政治への直接参加は部分的にしか行なわれていないのだ。

しかし、連邦制をとれば、地方自治の究極的な方向として、直接民主制をとるごく小さな（村ほどの大きさかもしれない）州の連邦という形で、直接民主制が可能かもしれない。あらゆる決定に直接参加が可能な、小さくても大きな権限をもつ多数の自治体からなる連邦である。そこまでいくと、あまりにも統治の効率が悪く実現性は低いだろうから、ここでは一つの理想として素描するに留めておこう。

†日本に導入できるか

現在、日本では地方分権の一つの形として、日本を十前後の道州に分け政府がもつ多くの権限を道州に分権しようという議論が盛んである。もし、道州制を導入するとすれば、道州には行政権や財源を移譲するにとどめておくべきだろうか。それとも立法権も移譲して、連邦制を採用すべきだろうか。

これまでの考察を踏まえて民主主義の理念から地方自治を考えれば、民主主義国家であれば、連邦制を採用するのがよいということになるだろう。しかし、実際に連邦制をとっている国が純粋に自己統治の要求だけから連邦制を採用しているわけではない。たとえば、アメリカの連邦は、本国イギリスに対する各州（旧植民地）の独立を維持する必要から各植民地同士が結んだ同盟関係が発展したものだ。また、歴史的な経緯のほかにも言語、宗教、民族などの違いが州に強い自治権をもたせる要因となる。スイスもアメリカと同様にいくつかの地域が周辺国から独立を守るために結んだ同盟が連邦の基礎にあるが、州の区分は地理的な条件や州によって異なるさまざまな言語や宗教の違いに根差している。エチオピアのように民族ごとに州が分けられている連邦国家もある。

道州制の議論では立法権の委譲を含む連邦型の提言が多い。しかし、日本は言語的にも宗教的にも比較的均質的な文化をもっていて、地方ごとに強力なまとまりをつくる原動力となる歴史的な経緯もない。文化や民族の違いといった要因は自己統治そのものにとってはいわば外部にあるものである。こうした要因抜きに地方分権が目指されるのは、国政という国家全体のレベルでの自己統治に飽き足らず、地方政治という身近なレベルでの自己統治が求められているということである。ここには自己統治の要求がより純粋に表われているのではないだろうか。

道州制の議論はこれからますます盛んになっていくだろう。より身近に自己統治を実感できる国であるために、どのような地方分権の形が目指されるべきだろうか。

三　自分たちで裁きたい

†　裁判員として司法に参加すべきか

この節では、司法における自己統治の問題として裁判員制度を取り上げよう。日本では二〇〇九年より、裁判員裁判が実施されている。裁判員裁判とは、無作為に選ばれた一般市民が裁判官とともに、刑事裁判において被告人が有罪か無罪か、有罪の場合どのような刑罰を科すかを審理する裁判である。二十歳以上であれば、あなたも裁判員として誰かを裁くことになる可能性がある。

裁判員制度は、「国民の司法参加」によって国民の司法に対する理解と信頼を増進させることを目指して導入された。(4) 裁判が、裁判官、弁護士、検察といった法律家の論理だけで推し進められれば、判決が市民感覚や一般常識から乖離して、いずれ司法に対する国民の信頼が揺らいでしまう。そこで、裁判員制度によって、市民感覚を取り入れることで司法に対する国民の支持をとりつける、つまり、司法を民意に基づけることが目指された。最高裁のアンケートによると、裁判員経験者は一般市民が審理に参加することに対しておおむね好意的に捉えているようである。(5)

しかし、裁判員裁判の対象になる事件は殺人や強盗致傷など重大な事件が多く、特に死刑の適用が問題になる裁判では裁判員に大きな心理的負担がかかる場合がある。さらに、裁判員となることは特段の事情がない限りは拒否できない義務であり、また審理中に知りえた秘密については守秘義務がある。いずれの義務についても違反に対して罰則がある。学者によっては、このような義務を課すことは違憲であるとまでいう人もいるほどだ（西野 二〇〇七）。このような負担を強いてまで人びとが裁判に参加する必要があるだろうか。

この節では、自己統治の観点から国民の司法参加に意義を見出したい。裁判員制度が施行されて数年経ち、そろそろ制度の見直しも行なわれる時期だ。国民の司法参加の意義を考え直すことは、これからの制度の行く末を考える上でも役に立つだろう。

† 素人が人を裁いていいのか

そもそも、市民感覚を取り入れるために民主主義的なやり方を直接持ち込むことは司法に相応しくないと考えられるかもしれない。民主主義が求める自己統治は、自分が従う法律を自分自身で立法する、すなわち立法権を国民がもつということで十分だと言えるかもしれない。司法に必要なのは憲法や法律に定められるような人権や権利を擁護することであって、そのためにいちいち民意を問う必要はない。日本において三権分立として司法権の独立が憲法上保障されているのは、たとえば表現の自由といった憲法的な価値を立法や行政が民意に流されて侵害してしまうことを防ぐ役割があるからだ。国民の司法参加をいたずらに推進することは、民意に基づいた裁判によって人権侵害が合法とされ、人権尊重を目指す法制度の安定性が失われるリスクを抱え込むことになりかねない。

また、人びとの感じ方はときに流されやすく、公正さが求められる裁判には馴染むものではない。

特に裁判員制度が扱う刑事事件であれば、裁判は何が違法行為であるかを見きわめて、罪に対して正しく釣り合った刑罰を見出さねばならない。犯罪者を私刑や不当な量刑から守りその人権を擁護することも裁判がもつ重要な役割である。法律の適用には膨大な法律の知識と、適用の技術が要求される。国民の司法参加によって素人の感覚で事件が処理されてしまえば、重大な権利侵害を招きかねないし、それは裁判の趣旨にも反するだろう。

このように、司法の意味を人権侵害を防ぐ目的から考えると、国民の司法参加に否定的な議論がありうる。

†司法という統治権力を取り返す

しかし、統治権力の作用として司法を捉えることで、国民の司法参加に肯定的な意義を見出すことができる。司法とは統治の機能の一つである。人びとは法によって権利義務を与えられ法に従って行動する。行政サービスも法に従って行なわれる。その際、人びとや行政との間で、法律違反や互いが主張する権利の衝突が生じることがある。司法はそのような事件や紛争を法廷において裁き解決する役割をもっている。裁判における判決は当事者の誰がどのような権利や義務をもつかの最終的な決定である。司法は立法から始まる統治の過程の終着点であるといえる。

国民の主権者としての仕事が立法する国会議員を選ぶことであるように、現在、統治の根本的な役割は立法に求められている。しかし、本来の統治者の主要な役割は司法にあった。統治に当たって支配者自身が法を創造する必要は無い。特に原始的な社会をみれば、支配される集団の伝統や習慣、あるいは神の意志といったものなど、どのようなもの・方法であれ従うべき法を見出して人びとをそれに従わせ、従わない者に罰を与えたり紛争があれば裁定したりする最終的な決定権をもつ者が主権者（最高権力者）であったといってよいだろう。司法権をもつということは統治において重要な意味があるのである。

一般市民が裁判に参加するということは、一部分であれ一般市民が司法権をもつということである。自分たちのことを自分たちで裁くことは、裁く者としての主権者の役割を国民の手に取り戻すことを意味する。

†立法者の意図の完成としての裁判

司法が統治の終着点であることに着目すると、司法に民意を反映させることは自己統治の観点から重要な意味をもつ。国民が司法に参加することは、国民自身が立法者の意図を完成させることを意味するからだ。行なわれている法がどのようなものであれ、その法の最終的な帰結を左右するのは司法権力である。たとえば、日本国憲法には日照権などの環境権は規定されていないが、第十三条にある幸福追求権に含まれるものとして理解されている。何が幸福追求権の名の下に含まれるかは、法律に書かれていなければ裁判によってしか明らかにされないのであり、日照権を人びとに認めるか否かはこの場合司法の判断にかかっている。書かれている法律に最終的な内容を与える権力が司法権なのである。

立法権を国民がもつ国であれば、市民の司法参加の制度は国民が作った法律に自ら具体的な内容を与えることであるといえるだろう。日本の裁判員制度は刑事事件に限られているが、それでも部分的には自ら作った法律（国会で承認された刑法）に自ら内容を与えることをやっているのだ。単に「私たちには生命に対する権利があります」と立法において表明するだけでなく、「犯罪者のこのやり方が被害者の生命に対する権利を侵害しています」と権利の内実を与える作用を国民が自分自身で行なっているのである。

国民が立法権をもつという人民主権の通常の説明以上の内容を国民の司法参加はもっている。しかしそれは、主権のなかに司法権も含まれる、だから国民の司法参加は人民主権のために必要だという単に形式的な意味においてではない。私たちは、自ら立てた法に内容を与え、立法者としての仕事を自ら完成させる、という実質的な自己統治の可能性を裁判員制度に見出すことができるだろう。(6) 人民主権のうちに「裁く」ことへの参加を含めるのは大事なことなのだ。

† 裁判員制度の行方

これまでみた国民の司法参加の自己統治的な意義は、裁判員制度を見直すきっかけになるだろう。たとえば、現在日本の裁判員裁判では刑事事件だけが扱われている。国民が自分自身で立てた法を自分自身で適用することが司法参加の意義だとすれば、市民同士の紛争である民事事件も扱うべきなのかもしれない。

改めて、裁判員制度の行方を考えてみよう。司法における自己統治は、さらに推し進められるべきだろうか、現状を維持すべきだろうか、それとも廃止や縮小へと転じるべきだろうか。

四　外国人も自己統治すべきか

†永住外国人に参政権を与えるべきか

最後に、外国人の自己統治の問題として、外国人参政権を取り上げよう。二〇一二年発表の統計によると、二〇一一年末現在に日本に在住していた外国人数は二百万人を超え、そのうち一般永住者は六十万人弱、特別永住者は四十万人弱を占めている。(7) 永住者は一定期間以上日本に居住していて、生活基盤をもち、日本国民と同様に行政サービスを受け納税の義務を果たしている外国人である。そして、彼らのうちのいくらかの人たちは、自身で税金の使われ方を監視し、発言したいと考え、そのために税金の使い方を決める議員を選ぶ権利を要求する。自分を支配する統治に参加する権利の要求、つまり外国人参政権の要求である（この節では参政権としてさしあたり選挙権のみを考える）。

ここで問題になるのは、自己統治の主体に永住外国人を含めるべきかということである。永住外国人は法に定められた犯罪を起こせば国外に強制退去される身だし、外国人登録証は常に携帯しておかねばならないが、生活上その他の点では日本人と変わらない。唯一違うのは国籍がない点だけで、今後もずっと日本に住むつもりである。しかし、公職選挙法や地方自治法によって選挙権は日本国民にしか認められていない。民主主義の理念である自己統治とは自分たちで自分たちを統治するということであり、永住外国人は一時的な滞在者でなくこの地でずっと統治される存在である。自己統治という民主主義の観点からすれば、永住外国人をただ統治されるだけの存在のままにしておいてよいのだろうか。彼らも統治に参加して当然なのではないだろうか。

この外国人参政権の問題に対して自己統治の観点から、どのような方策を提案することができるだろうか。ここでは、まず国籍と参政権の関係に注目し、両者を一体的に捉えて参政権をもつためには帰化しなければならないという立場、両者を切り離し帰化せず外国人であっても参政権を与えることができるという立場、そして地方政治にのみ参政権を与えるという中間的な立場を検討する。さらに最後に、参政権なしの自己統治の可能性を提示したい。

†国籍と参政権の結びつき

最初に思いつくのは、外国人には参政権を認めず、参政権が欲しい外国人は日本の国籍を取得（日本に帰化）して日本国民になればよいという立場である。この国のことはその国民だけが決めることができる、という考えは単純に分かりやすい。統治する者が統治される者と同じ国民でないといけない、というこの考えは、自分のことは自分で決めるという自己統治の理念から導き出すことができる。「自分」が国民であれば、外国人は自分とは異なる「他人」である。他人である外国人がこの国の統治に参加すると、わずかであれ他人が自分を支配することになる。これは自己統治の意義を薄めることであり、ひいては民主主義の否定になりかねない。だから、参政権が欲しければ外国人であることをやめて帰化をすべきだ、というわけである。自国の統治についての決定に外国籍の者が参加するのはおかしい、というのは素朴ではあるが説得力のある考えなのだ。

帰化を迫る立場において、国籍と参政権が不可分に結びついている。この国籍参政権一体型の立場の場合、自己統治を実現するために参政権が必要だと考える永住外国人のために何かできるとすれば、国籍取得の条件を緩和することくらいである。その国の統治に参加したければ、もはや外国人ではいられないのだ。

†重国籍

しかし、外国人のなかには祖国の国籍から離脱したくない人もいる。日本のような国では国籍と言語などの文化との結びつきが強く感じられる。帰化を拒む外国人集団は、帰化が進むことによって文化的な同化が起こり、外国人集団としてのアイデンティティが失われてしまうことを恐れるのである。そこで、いっそのこと祖国の国籍を維持したまま、この居住国に帰化できるようにする、という方法が考えられる。つまり、重国籍を認めるのである。二重国籍者は同時に二つの国の国民である。どちらの国にとっても外国人ではないから、どちらの国においても自己統治の理念と矛盾しない。国籍と参政権とを一体的に捉えることと、かつ祖国への愛着も尊重することとを両立させることができる。

重国籍者は自国民であると同時に他の国の国民でもある。このような中途半端にみえる地位が許されるだろうか。たしかに、A国とB国の二重国籍者が滞在中のC国で事件に巻き込まれた際、A国B国のどちらがこの人を保護しなければいけないか、A国B国で兵役の義務があった場合どちらの兵役に就くべきなのかなどといった不都合が、二重国籍にはある。しかし、すでに多くの国で、二重国籍が認められている。アメリカ諸国やイギリスなど、親の国籍にかかわらずその国で生まれた者に国籍を付与する生地主義を採用する国は重国籍に寛容である。また、ヨーロッパ諸国では自国民を親として生まれた者に国籍を与えるという血統主義を採用している国が多いが、スウェーデンやベルギー、オランダ、スイス、イタリアなど、帰化による二重国籍をみとめている国も多い。

重国籍を認めない理由が単なる実際的な不都合を避けるためであり、もし外交的な努力によってその不都合が解消されるなら、それに固執する理由などないだろう。事実、上記のような不都合は、二国間（あるいは多国間）での調整や条約などによってなくなりつつある。EU諸国では、二〇〇三年施行のヨーロッパ国籍条約によって重国籍が容認され、重国籍を認めるか否かは締結国の裁量にまかされることになっている。

重国籍を認めれば、重国籍者は他の国の国民であると同時にこの国の国民でもあるのだから、自国民として統治に参加することができるようになるのだ。

†外国人としての参政権

では、外国人であるまま参政権をもち外国人として居住地で自己統治を行なうことは不可能なのだろうか。ここでは、国籍と参政権を切り離し外国人に参政権を与える分離型のやり方を考えてみよう。自己統治を、誰にでも認められるべき一種の人権の対象と捉えるのである。民主主義の社会にあっては、単に他者に支配されるのでなく自ら支配する権利が、国籍にかかわらず誰しもがもつべき基本的な権利として保障されるべきではないだろうか。自治・自律は民主主義の核心である。この精神からすると、民主主義国家では統治される者には外国人であっても自己統治ができる仕組みを保障すべきである。それは、生存権が誰にでも保障されるべき人権であるために、外国人も生活保護が受けられるのと同じである。(8) それゆえ、まず単純に帰化なしに永住外国人に参政権を与えるというやり方が考えられるだろう。

しかし、国籍と参政権を分離して外国人に外国人であるまま参政権を与えることには、さまざまな不都合が指摘される。外国人に参政権を与えることは、私たちの社会の方針の決定に外国人の票を入れることである。自国と外国の文化は当然違うから、外国人票が優勢になれば既存の制度を自国民にとって不利なものに改変され、制度が根ざしている日本の古きよき文化伝統が破壊されて、日本とは言えなくなってしまうかもしれない。実際に、外国人地方参政権(後述)を認めたオランダなどでは、大量に流入した現地文化に溶け込めないイスラム系の外国人が一箇所に集中し現地人と摩擦を起こしているという(西尾 二〇一〇)。文化的な摩擦は国政という共通の利害をもつはずの同国人同士でも起こるのだから、国政レベルで異なる利害をもつ外国人と自国民という関係であれば、なおさら軋轢《あつれき》が危惧される。また、参政権をもつ外国人が母国からの侵略を手引きするような法律や政策を通したり、終いには独立したりしてしまうなどといった陰謀めいた不都合が唱えられることもある。もちろん、外国人の流入による文化の変容はそれ自体で悪いと決め付けることができるものではない。外国人参政権を認めたことによって国が外国人に滅ぼされたり分離独立されたりした国もまだない。それでもやはり以上のような不都合が指摘されるのはたしかである。

さらに、外国人が居住地の国民と同じように政治参加できるのだとすると、ある国の国民であるということは、いったいどういう意味をもつことになるのだろうか。なぜ私たちの社会では国籍が必要とされているのか真剣に考える必要があるだろう。

† 外国人地方参政権

では、外国人に全面的に参政権を与えるのが困難なのだとしても、地方政治への参政権に限定するならどうだろうか。この外国人に地方参政権のみ認める立場は、きっぱりと国籍と参政権を分離させるのでなく、国政においては一体型、地方政治においては分離型をとるという中間形態である。実際、シンプルに外国人参政権を認めているケースは少ない。日本での在日韓国人団体による地方参政権運動のように、地方自治への参政権に限定したものが目立つのである。

地方参政権付与の主張は、国政と地方政治との区別という別の考えに依拠している。外国人であっても本国の国政参政権は保障されていることが多い。海外に在住する日本人は日本の国政選挙への投票が可能である。この点では、国籍と国政参政権は一体的に捉えられている。その上で、地方レベルにおいては国籍と参政権を分離して、外国人に居住している地域の地方参政権を与えるのである。

この区別のポイントは、より身近な市民生活に関わる地方政治の方が国政よりも自己統治の上で重要だと考えられる点である。国家の全体に及ぶ利害には自国民であっても関心を抱きにくい。国境問題は国家的に重大な利害が絡んでいるが、たとえばある島が隣国と自国のどちらに属するのかが自分の生活にどれほど影響するのか、隣接地域に住んでいなければリアリティをもって理解できる人は少ないだろう。反対に、身近なインフラ整備や福祉サービスという地方独自の利害こそ人びとは関心をもちやすいし、そのあり方に関わりたいという要求をもつのではないだろうか(9)。国民(国籍保持者)としての利益と地方の住民(自己統治の主体)としての利益との区別によって、永住外国人に地方参政権のみ与えてよいとするこの議論は、ある程度説得力がある(10)。

しかし、この立場には次のような問題が考えられる。本当に地方政治と国政をすっきりと分けることができるだろうか。地方の動向が国のあり方に影響を及ぼすことがある。たとえば、軍事基地や原子力発電所など重要な施設は、その施設によるメリットもデメリットも国家全体に影響が及ぶものである。こうした施設を受入れるか否かは、最終的に予定地の自治体の決定にゆだねられている。現地の人びとにとって身近な問題が、大多数の国民に影響を与えることになる。もし、外国人に地方参政権があれば、国全体に影響する問題の決定に外国人が外国人として参加することになる。このように、地方政治のあり方が国政レベルの問題と密接に繋がるとすれば、地方政治と国政を分けて参政権を考える立場は必ずしも成り立たないかもしれない。

†自分を統治する国を自分で選ぶ

ここまで、参政権を獲得することだけが外国人の自己統治を可能にする方法であるかのように論じてきた。しかも、帰化せず外国人であるまま参政権を得るやり方には難点もあった。最後に、これまでと違った形で外国人の自己統治の可能性を検討する。ここでは、外国人の自己統治は参政権によってしか行ないえないという考えを疑ってみよう。

自国民であれば、たとえば日本人は日本国民として日本の制度の支配を否応なく受ける。だから制度を変える権能として参政権をもつことが、この国の国民としての自己統治を確保するために必要なのである。これに対して、外国人は自分を支配する居住国の制度を変える権利はもっていないが、本国に「帰る」という選択肢をもっている。また、別の気に入った国に移住することだってできる。たしかに、参政権をもたない外国人は居住国の法律に支配されるだけである。しかし、移住の権利をもつことでどの国の制度が自分を支配する制度に相応しいかを自ら選ぶことができるのだ。つまり、外国人は自分を支配する制度を選択するという形で、自分を統治することができると言えるだろう。帰化をしなくとも、また参政権を得なくとも外国人の自己統治は十分に可能なのではないだろうか。

このように考えると、外国人には参政権がないから自己統治できないことにはならないし、自己統治という民主主義の理念と矛盾するわけでもない。どういうルールのなかで生きるかを選択する、というのも自己統治の一つのあり方なのである。外国人として他国に住むことを自分に相応しい生き方として選んでいるのだ。この自己統治の考えに立てば、外国人に対して移動の自由を十分に保障することが国家に求められることになる。[11]

民主主義を推進するならば、国家は人びとの自己統治を実現する責務がある。外国人の自己統治に対して、私たちはどういう態度をとるべきだろうか。

(1) 「橋下市長支持七〇%　朝日新聞社・朝日放送、府民世論調査」、『朝日新聞』二〇一二年二月二十一日朝刊

(2) 民主党 web サイト、http://www.dpj.or.jp/article/101380/

(3) ただし合衆国憲法第六条において、各州の裁判官は、州の法律と連邦法が矛盾する場合には連邦法に拘束されると定められている（高橋　二〇〇七、七〇頁）。

(4) 裁判員制度の紹介（最高裁判所サイト）http://www.saibanin.courts.go.jp/introduction/

(5) 「法務省見直し消極的裁判員制度「評価高い」」『西日本新聞』二〇一二年五月二十六日朝刊

(6) また、司法に参加する人びとは、その事件が起きた地域から選ばれる。日本の裁判員制度の場合、地方裁判所の管区の選挙人名簿から選出される（竹田　二〇〇八、六頁）。その地域で起きた事件をその地域の住民自身が裁く、ということも自己統治に寄与するだろう。自分たちの問題に自分たちで立ち向かうことは、地方分権の節でみたように自己統治の基本的な態度である。

（7）「平成二三年末現在における外国人登録者数について（確定値）」（法務省入国管理局　二〇一二年六月八日 http://www.moj.go.jp/nyuukokukanri/kouhou/nyuukokukanri04_00021.html）

（8）「永住外国人は生活保護対象　福岡高裁、一審判決取り消す」『朝日新聞』二〇一一年十一月十六日朝刊

（9）中央とは異なる利害が地方にはあるという指摘に関しては、ミル『代議制統治論』（一九九七［1861］）参照。

（10）ハンマー（一九九九［1990］）参照。ハンマーは国民でも単なる外国人でもないデニズン（永住市民、定住外国人）に注目し、デニズンがもつべき特殊な資格をデニズンシップと名づけた。ハンマーは、デニズンシップの内容を国民と同等の社会権および地方参政権とし、国政への参政権は含めていない。

（11）戦争による難民などさまざまな経緯から自由に移住できない外国人には、このような自己統治は不可能である。こうした人びとに対しては、別の仕方で自己統治を可能にする手段を考えなければならないだろう。

第7章　正義の暴力なんてあるの？

新名隆志

一　国家の暴力と人権

†「暴力装置」としての国家

二〇一〇年十一月十八日、ときの官房長官仙石由人が国会で自衛隊を「暴力装置」と呼んだ。質問者の世耕弘成議員がこの発言に対し撤回と謝罪を要求し、仙石官房長官は撤回して「実力組織」と言いかえた上で、自衛隊員に謝罪した。政治家のいわゆる「失言問題」だ。しかし、マックス・ウェーバーの次の有名な国家の定義を知っている人はこの騒動に違和感を覚えたかもしれない。

国家とは、ある一定の領域の内部で――この「領域」という点が特徴なのだが――正当な物理的暴力行使の独占を（実効的に）要求する人間共同体である。（ウェーバー　一九三六［1919］、九頁）

国家の本質が物理的強制力・殺傷力としての「暴力」の独占にあるということは、国家論の基本的知識だ。この暴力の実体は国家の警察力や軍事力である。その意味で自衛隊はたしかに「暴力装置」だ。それゆえ当時、このマックス・ウェーバーの定義に依拠して仙石の発言を擁護する知識人もいた。もっとも日本語の「暴力」という言葉は、辞書的に合法性や正当性を欠く物理的強制力という意味をもつ。またレーニンは『国家と革命』で国家を「暴力組織」と呼ぶが、そこには、国家は被支配者階級を抑圧する不当な組織だという思想がある（レーニンは国家の死滅を理想とした）（レーニン　一九五七［1917］、一二九－一三〇頁、四〇頁参照）。このような不当性を想起させる点で、仙石の「暴力装置」発言はたしかに不用意であり、「失言」とされても仕方ない面がある。

しかし、国家の本質に物理的強制力・殺傷力があることをはっきりと突きつけるという点で、「暴力」という表現を使う意義はある。私たちはともすると、巨大で強固な物理的強制力を背景に日常を営んでいることを忘れがちだからだ。それゆえ本章では、価値中立的な単なる物理的強制力・殺傷力を意味する言葉として、あえて「暴力」を使う。

国家の暴力の正当性を示すのが「主権」という概念だ。「主権」の基本的語義は「至上の力」であり、それを支配・統治できる「より上の力がない」ことを意味する。この至上性は、対国内的には国民の統治権として、対国外的には他のどんな国家や組織にも縛られない最高独立性として現われる。この主権のあり方に対応して、対国内的には統治・治安維持を可能にする警察力として、対国外的には国を守る軍事力として正当な暴力が行使される。しかし、こうした国家の暴力はどこまで正当化できるのだろうか。

†死　刑

国家の国内統治に関わる暴力が最もはっきり現われるのは刑罰だろう。そして刑罰の暴力の最たるものが死刑である。死刑存廃は、かねてより国家の暴力に関わる典型的な論争の種だ。

国際的な人権調査団体であるアムネスティ・インターナショナルの報告によれば、あらゆる罪に対して死刑を廃止した国はこの三十年ほどで一気に増えており、一九七七年にはわずか十六であったが、二〇一二年には九十七にのぼっている。また、通常の犯罪に対する死刑廃止国や事実上の廃止国も合わせると一四〇であり、存置国はもはや五十八しかない。実に、世界の三分の二以上の国々が実質的に死刑を廃止していることになる。(1) 死刑廃止の圧力をかけるのはアムネスティのようなNGOのみではない。国際社会は条約によって死刑を法的に禁止しようとしている。このような世界的な死刑廃止の潮流のなかで、わが日本は死刑を「正義にかなった暴力」として正当化し続けられるだろうか。

†紛争への武力介入

二つの世界大戦を経た国際社会は戦争を違法化してきた。それゆえ対国外的な国家的暴力の正義に関する現代の中心問題は、国家同士の戦争の正義というよりも、内戦状態にある国家への武力介入の正義の問題へと移っている。

冷戦終結後の世界でより顕著になった紛争は、国家同士の戦争ではなく世界のさまざまな国・地域で起こる内戦的な武力衝突である。こうした紛争ではきわめて非人道的な虐殺や暴行が生じてきた。旧ユーゴスラヴィアの解体過程で生じたボスニア紛争では、「民族浄化」と呼ばれる敵民族の抹殺が企てられた。なかでも有名な例は、一九九五年スレブレニッツァという町で起きた集団虐殺だ。セルビア人勢力がボシュニャク人の市民八千人を惨殺したのである。一九九四年から翌年にかけて起きたルワンダの虐殺も有名だ。フツ族とツチ族の部族対立に端を発した内戦は、結果として大量虐殺と無数の性的暴行、大量の難民を生んだ。犠牲者は百万人を超えるとも言われ、その殺害方法の残虐さも際立っていた。

これら非人道的事態に手をこまねいていたことへの反省から、国際社会は人道的目的のための紛争国への武力介入、いわゆる「人道的介入」を正当化し実行する方向へと向かった。その代表例が、一九九九年のコソヴォ紛争でNATO軍がセルビア人勢力に対して行なった空爆である。セルビア人によって虐待されているアルバニア人を救うためという名目で一万七千回にも及んだこの爆撃は、市民の犠牲や多くの難民を生み、その是非はいまだに議論を呼んでいる。紛争で生じる非人道的事態に何らかの介入が必要というのは認められるとしても、その正当化と方法は現代国際社会の大問題なのだ。

† 超国家的規範としての人権

これら死刑や紛争への武力介入という国家の暴力の「正義」の基準とは何だろう。ここで「人権」という概念が注目される。『広辞苑』（第六版）で「人権」を引くと、「人間が人間として生まれながらにもっている権利。実定法上の権利のように恣意的に剝奪または制限されない」とある。つまり人権とは、国家を超えて普遍的な、国家が勝手に侵害できない人間の権利を意味している。それゆえ人権は、まさに国家の暴力を制限する基準としてこれまでも用いられてきた規範概念なのである。

正義の問題が国家の正義を超えて世界正義へと移りつつある現代において、政治哲学や法哲学の分野では、超国家的な規範概念としての人権にこれまで以上の注目が集まっている。人権は世界正義論の中心概念の役割を期待されているのだ。この章では、近年再構築されつつある人権論を踏まえつつ、国家的暴力の正義の問題を考えていきたい。

二　人権思想の問題点と課題

† 人権の代表的三種

人権とは何か、あなたは説明できるだろうか。あなたはきっと義務教育のどこかでそれを学び、またおそらく人権を保護され人権を行使しながら日々を生きている。しかし、人権とは何か、といざ問われると答えに窮する人は多いだろう。そこでまず代表的な三種類の人権を日本国憲法に依拠しておさえておこう。

①自由権――人権の代表はやはり自由権である。これは国家に介入されない自由の領域を定める。憲法に依拠すると大きく三つに分かれる。まず思想・良心の自由や表現の自由などを含む精神的自由権。そして、法的な手続なしに刑罰を科せられないことや、拷問、残虐刑を受けないことなど含む身体的自由権。そして、居住・移転の自由や財産権の保障を含む経済的自由権である。

②社会権――憲法に依拠するならば大きく三つの内容をもつ。まず、健康で文化的な最低限度の生活を営む生存権。次に教育を受ける権利。そして労働の権利である。社会権は自由権と異なり、国家の積極的な施策により保障される権利である。

③政治的権利――人権といえばまず自由権と社会権である。しかしこれに並ぶ、あるいは準じるものとして、選挙権や被選挙権などから成る参政権や、国家賠償請求権や請願権などから成る請求権（受益権）がある。ここでは、これら統治機構のあり方に参与する権利全体を「政治的権利」として扱うことにする。政治的権利は人権の一部と捉えられることもあれば、自由権や社会権という人権を保障するための二次的権利と考えられることもある。

†「自然権」のいかがわしさ

『広辞苑』の人権の定義にも示されているように、人権は「実定法上の権利」とは別物と考えられている。ここには実定法と自然法という伝統的な対立図式がある。実定法というのは人間が作った法のこと。これに対して自然法は、自然のうちに書かれた人為によらない法のことである。人間の意志で変化し時代と地域に相対的であり得る実定法と違い、自然法は人間本性のうちに理性によって発見されうる普遍的で不変的な法を意味する。自然法思想の意義は、国家の実定法を批判する超国家的規範となる点にある。人権はまさにこの自然法思想の伝統的意義を受け継ぐ概念なのだ。それは「実定法上の権利」と異なる「自然権」に由来するものとして、人間本性のうちに理性が見出す普遍的な権利を意味するのである。

しかし、人間本性から人権が導き出せるという考え方は、現代では人権の説得力にとって躓きの石かもしれない。「人間が何であるか」という事実を知れば「人間が何をしてよいか」が分かるなんて、どこかいかがわしくないだろうか（第2章参照）。人間本性の事実を記述すれば、そこに人間としての基本ルールが書かれているというのか。そもそも、人間本性が普遍的事実のように考えられていることがいかがわしい。ある人間本性が普遍的事実として語られるとき、結局それは、ある価値観に基づいてある人間的性質を特別に評価しているだけではないだろうか。

人権に普遍的説得性をもたせることが重要ならば、人権論は自然権にまつわるこのようないかがわしさを払拭しなければならない。事実、現代の人権論はこの点をとても意識している。(2) おそらく私たちは、人権を普遍な自然（本性）に根拠づけるという伝統を捨て去るべきだろう。人権は発展し変化するもの、未来に向けて構築されていくものであっていいのではないか。人権はたしかに国家の実定法を超えた規範でなければならない。しかしこのことは、人権が特定の法よりも普遍的な倫理的規範性を要求するということとして理解すればすむだろう。現代の人権論は、説得力ある世界的規範について合意形成をしていく倫理学的営みであるべきなのだ。

†普遍的価値は見出せるか

さて、それではどのようにしてそうした普遍的な倫理的規範を構築すべきか。ここで問題になるのが文化や地域性の違いである。人権思想は西洋的人間観や価値観の恣意的な普遍化にすぎないという、イスラームや東アジアからの典型的な批判がある。異なる文化や社会状態に対して人権という共通の規範を強いることは可能なのだろうか。それは結局特定の文化の価値の押し付けにならないのか。

この問題に対して、現代の人権論は人権の内容を世界的に合意できる範囲に制限しようと試みている。その一つの戦略は、多くの文化の道徳規範に共通する要素を人権の内容として取り出すというものである。この戦略は分かりやすいが、問題点も容易に指摘できそうだ。一つの重要な問題は、それが現状の道徳規範を批判し改善する視点をまったくもたないということである。たとえば、この戦略はイスラーム主義における女性の不平等な扱いを一つの道徳規範としてカウントせざるをえない。その結果当然、女性の人権については全体的合意を形成しえないことになる(3)。

人権論において世界的合意を形成していくことは間違いなく必要だ。しかしそれは、各文化における既存の道徳規範の反省と再構築を否定することではない。それどころか、重要なのは世界全体が自らの既存の道徳規範を反省し、他文化と共により普遍的な新しい規範を構築していくことなのである。目指すべき合意はそのような新しい規範への合意でなければならない。世界的合意を可能にする新たな人権規範の創造。現代の人権論全体が取り組むこの大きな課題に対し、次の三で一つの考え方を提示したい。

三　暴力のコントロール権としての人権

†人権の核としての「自律」

普遍的な人権観を確立していくためには、人権の基礎となる根源的な倫理観について世界的合意を形成していかねばならない。そのような根源的倫理観の代表的で伝統的な候補が「人間は自律的存在だ」という思想である。

「自律」を『広辞苑』で引くとこうある。「①自分の行為を主体的に規制すること。②外部からの支配や制御から脱して、自身の立てた規範に従って行動すること」。他者に支配されず、自分で自分を支配して生きること。言い換えれば、他者の立てた規範に服従するのでなく、自己の立てた規範に従い生きること。これが自律である。憲法学の通説では、自律的存在としての人間観こそ人権の基礎だ。憲法学は、人権の基礎をまず憲法第十三条の「個人の尊重」という概念にみる。この「個人の尊重」は「個人の尊厳」や「人間の尊厳」といった概念と結びつき、この尊厳の根拠となるのが、人間は理性的で自律的な存在だという人間観なのである（稲田 二〇一〇、七〇－七四頁参照）。

しかしあなたはこの説明で理解できるだろうか。特に最後の部分が分かりにくい。「人間の尊厳」の根拠が「自律的存在であること」であるのはなぜだろう。実はこの考え方の背景には、道徳哲学の泰斗《たいと》であるカントの思想があるのだ。その思想はとても重要だが、簡単に理解したり説明できたりする代物ではない。そのような高尚な哲学を理解しないと人権を説明できないのでは、人権を世界中に納得してもらうことは難しいかもしれない。

筆者も、自律は人権の基礎としてとても重要だと考えている。もっとも、自律のみに人権を基礎づけるのは無理があるとも思う。たとえば子どもや重度の知的障害者など、自律が困難な人に人権はないのか、というような異議がすぐに出るだろう。人権の基礎には自律の重要性とは別の倫理思想もおそらく必要だ。しかし、自律の重要性は人権の基礎として揺るがないように思われる。この三の以下の部分では、「尊厳」という概念や難しいカント哲学を使わず、別の視点から自律を基礎とした人権論の道を探りたい。

†人権概念の有効性からのアプローチ

従来の人権論は、人間本性とは何か、とか、あらゆる文化に共通する人間観とは何か、というアプローチで人権とは何かを考えてきた。しかしこれまでの議論から分かるように、こうしたアプローチによって世界的に合意できる人権観を構築するのは非常に難しい。私たちは人権の基礎づけにあたって、少しアプローチを変えてみる必要があるのではないか。そもそもなぜこれほど人権概念が重視され現代も重要な規範として注目されるのか。それは人権概念が普遍的な有効性をもつからだろう。それゆえ問いを変えてみるのだ。人権概念はなぜ有効なのか。この問いによって、人権概念によって私たちが求めている基本的で普遍的なものが見出せるのではないか。

人権概念の有効性は、人権の意義に立ち返ることで理解できる。すでに述べたように、人権の意義は、超国家的な普遍的規範として、国家の暴力を制御する基準となりその暴力の専横を阻む砦となることにある。人権は、国家の暴力をコントロールするという、自然法思想に依拠する伝統的で特殊な意義において重視され続けているのである。まさにこの点に、人権概念の通時的で普遍的な有効性がある。

自然権や人権という概念は、常に国家的暴力との関係において用いられてきた。国家の暴力を制御し、それを許容する基準を定めることへの要求が、人権思想の本質にある。この要求は、西洋近代の市民革命期以降現代に至るまで、西洋の文化や地域性を超えて拡大してきた人間の基本的要求と言っていいのではないか。だとすれば、まさにこの国家的暴力のコントロールへの要求そのものを人間の基礎的な権利として、つまり人権そのものとして認めていいのではないだろうか。ここに、「暴力のコントロール権としての人権」という考え方を提示したい。

† 自律を保障するための暴力コントロール権

暴力のコントロール権という視点から、自律の重要性を捉え返すことができる。この視点から、自律的存在であることに人間の尊厳があるというような抽象的な人間論に入らずに、現実の人間の基本的な要求として自律の重要性を捉えることができると思うのだ。

シンプルに問おう。あなたは他律的な生を望むだろうか。他律的な生とはすなわち、自分の意志ではなく他者の意志により強制されて生きることである。他者の意志があなたの意志を思いやってくれる保証などない。それはあなたの意志に反して、ときにはあなたに悪意をもってあなたを強制するかもしれない。しかしあなたはそれに抗う術をもたない。そのような生を想像してみてほしい。それを望む人などいるだろうか。

暴力のコントロールへの要求が普遍的であり続けているのは、それがこのような他律的な生の拒否への普遍的要求を表現するからである。自分の人生を左右する暴力のコントロールに参与できないということは、自分の生を他者の意志に支配させることを意味する。それに納得できないというのは私たちの普遍的な感覚ではないか。その感覚が人類に永遠不変の真理だとまで言う必要はない。しかし右で述べたように、人権という思想の誕生と発展の意義が暴力のコントロールにあったとすれば、そこに他律の拒否の普遍性が示されていると考えてよいのではないだろうか。誰も自分の意志と無関係な暴力に強制されて生きたくないのだ。

暴力のコントロール権は個人を他律的生から免れさせ自律的生を保障する。ただし注意すべきは、ここで直接保障される自律は、個人の私的人生における自律ではなく、公共的自律（政治的自律）だということである。暴力のコントロールという視点からは、私的自律の保障のためにも公共的自律がまず重要だと言える。つまり、自分の私的人生を自分の意志で形づくるためにも、まず公的な統治権力に対して自分の意志を反映する権利をもたねばならない。公共的自律のための権利をもたないとすれば、それは本質的に他律的状態だ。たとえ人格優れた独裁者のもとで私的自律が達成されているとしても、その個人の人生は本質的な部分で他律的ではないか。なぜならその私的自律は、いつでもその独裁者の意志で勝手に覆される可能性をもっているからである。

以上のように、暴力のコントロール権という視点から、他律的生を拒否するという人間の基本的な要求とそれを実現するための公共的自律の重要性を示すことができる。では、人権の基礎を暴力のコントロールにみた場合、より具体的にはどのような人権論が構築されることになるだろうか。

†暴力のコントロールに基礎を置く人権論

「暴力のコントロール権としての人権」は、他律を免れ公共的自律を確保することへの人間の基本的要求を表現する。それゆえこの考え方に従えば、政治的権利を基礎とした人権観が生まれる。自由権や社会権がこの考え方のみから基礎づけられるとは思わないが、それらは政治的権利を実質的に意味あるものにするために不可欠な諸権利と捉えることができる。自由や一定レベルの生活と教育がなければ、人びとは政治的な意志をもつ自由も判断力ももてないからである。(4)

ところで、公共的自律を実現する政治的理念とは人民主権にほかならない。その意味でこの人権観は、民主主義的国家体制を強く要求することになるだろう。たとえ日本や欧米主要国のようなシステムでないとしても、何らかの形で人民主権を基礎とする体制、すなわち人民の意志を国家権力に継続的に反映させる体制をとっていない国家は、人権が保証されていない国家ということになるだろう。

こうした考え方は、現代の人権論の大勢に反しているかもしれない。世界が合意できる普遍的人権観を求めようとするなかで、現代の人権論は人権の範囲をできるだけ限定しようとしている。その際に重視されるのは自由権と社会権であり、政治的権利は人権そのものには含められず、基礎的ではあるが人権を補助する二次的な権利として扱われることが多いようだ。(5) たしかに、民主主義が実現しているとは言えない多くの国家でも受け入れられる人権を求めるならば、政治的権利を人権に含めない方がいいのかもしれない。

しかし前に述べたことを繰り返すと、今求められている人権思想は、決して現状の道徳規範や政治体制を追認するものではないはずだ。人権思想は、世界中の人びとが合意しうる基本的価値についての説得的で分かりやすい説明を構築することにより、現代と未来の国際社会のあり方に見通しを与えることを目指すべきだろう。

人民主権は人権と同様、現代国際社会でその価値を広く認められてきている。「暴力のコントロール権としての人権」はこの二つの価値ある思想を一体のものとして説明するシンプルな考え方である。もちろん、この考え方が非民主主義国家を断罪する目的で使われてはならない。だが右で示したように、この考え方が私たちの基本的で普遍的な要求から導き出せるとすれば、この考え方をヒントにして未来志向的に国際正義を構築していくことはできるのではないか。その初めの試みとして、次の**四**と**五**で、この考え方に依拠して、**一**に示したような現代の国家的暴力の問題にどのような見通しが得られるかを考えてみよう。

四　死刑は人権侵害か

†人民の意志としての死刑存置

死刑存廃論にはいくつもの論点がある。ここでは本格的な死刑存廃の議論に入り込むことが主題ではない。あくまでも人権という論点に絞ってこの問題を考えよう。人権は死刑廃止論の大きな根拠だ。一九八九年に国連総会で採択された「市民的及び政治的権利に関する国際規約の第二選択議定書」はいわば「死刑廃止条約」であり、二〇一〇年現在で七十三の国が締結している世界規模の規範である。その冒頭では「この議定書に対する締約国は、死刑の廃止が人間の尊厳を高めることと人権の進歩的発展に寄与することを信じ……」と述べられている。まさに死刑が人権に反する刑罰であると宣言されているのだ。

またアムネスティはそのウェブサイトで、「死刑は究極の人権否定である。それは国家によるあらかじめ計画された冷酷な殺人である。この残酷で非人間的で侮辱的な刑罰が正義の名のもとでなされている。それは世界人権宣言において述べられたものとしての生命に対する権利を侵害する」と述べている。[6] このようにアムネスティは、世界人権宣言第三条「すべて人は、生命、自由及び身体の安全に対する権利を有する」、また第五条「何人も、拷問又は残虐な、非人道的な若しくは屈辱的な取扱若しくは刑罰を受けることはない」の言葉を援用しつつ、死刑を強く非難する。

しかしこのような死刑廃止論に対して、人民主権という観点からの反論がある。死刑を課す国家の権限は人民自身の同意に基づくものであるから、死刑制度は人民の意志の表現だという主張である（イグナティエフ 二〇〇六［2001］、四九頁参照）。「暴力のコントロール権としての人権」は、この反論を援護しうるだろう。この考え方は刑罰の暴力性それ自体は非難しない。刑罰の暴力は、公共的自律が実現されている体制においてその暴力が人民の意志を反映したものであるならば、それ自体としては人権の侵害ではなく、むしろ人権を保護する道具である。この考え方は死刑という刑罰でも変わりなく適用できるように思える。

人権思想は本来、暴力それ自体を善とも悪とも考えない。近代人権思想は社会契約論的な国家正当化理論に端を発する。つまり、個々人の人権（当時の言葉では自然権）を守るために力を独占した暴力装置＝国家が必要だ、という考え方から人権思想は発展してきたのだ。暴力のコントロールという人権思想の意義は、単に暴力「から」個人を守ることだけにあるのではない。それは暴力「によって」個人を守ることも含むのだ。重要なのは、人民の意志によって暴力を適切に利用し制御することなのである。

†刑罰がむき出しの暴力となるとき

　公共的自律がある程度安定して実現されている国家において、刑罰が国民に対立する暴力として意識されることは少ない。典型はわが日本である。あなたは何らかの刑事事件の報道を目にするときに、犯罪者と警察・司法のどちらの視点でその報道を見ているだろうか。当然のように警察・司法の視点に立っていないだろうか。私たちは刑罰を行使する国家と自己を重ね合わせ、犯罪者を「社会の敵」と見る視座に慣れきっている。しかしこれは、私たちと国家の一体性に対する基本的な信頼が生み出しているものだ。私たちがもし国家権力と人民の間に緊張のある地域――たとえば中国のチベット自治区や北朝鮮など――の住民であれば、決して同じような視座はもてないだろう。

　そのような地域で行なわれる死刑は、たしかに正当性を欠いた国家の暴力になりうる。それは戦争や紛争の暴力と異なり、静かに粛々と実行され外にはなかなか見えない、それだけに一層強大な国家の暴力を感じさせる惨殺である。すぐに念頭に浮かぶのは、スターリン時代のソヴィエトが行なった大粛清だ。この政治弾圧により反革命罪で死刑に処せられた人数は、ＫＧＢの報告によれば一九三〇年から一九五三年の二十三年間で七十八万人を超える。このような大量殺人が国家の名のもとに正当化されることなどありえない。しかしこれが人権侵害であるということの本質は、犠牲者の数ではない。そのような大量殺人が許され制御不能になっている政治体制に、つまり人民が国家権力の暴力を監視し修正する力をもてない国家のあり方に、根本的な人権侵害があったと言えるのではないだろうか。

死刑はたしかに人間の抹殺である。しかしその暴力が人民の意志でコントロールされる限り、人権に対する本質的脅威とまで言えないのではないか。死刑が正当化されない国家的暴力の残酷さとして顕現し、人権を明らかに脅かすのは、その暴力が人民のコントロールのもとにない場合である。この状態それ自体が、人民の生命の危機を意味する。死刑制度はそのとき初めて、人民に敵対するむき出しの暴力となる。ここでの目的は死刑の是非に結論を出すことではない。しかし以上から少なくとも言えるのは、「暴力のコントロール権としての人権」という考え方からすれば、死刑は必ずしも人権侵害とは言えないということだ。

逆にこの考え方は、いかなる刑罰の暴力もそれが人民の安定したコントロール下になければ人権侵害になる、という見方を強調する。ここに「身体的自由権」（一六九頁参照）の重要性が捉え返されるだろう。身体的自由権は、被疑者の権利の保護、捜査や刑罰における適正手続の保障、不当な拘留や逮捕の禁止などを含む。すなわちそれは、警察や司法が行使する国家の暴力が適切なコントロール下にあることを要求する人権なのである。これは人権宣言の古典である米ヴァージニア権利章典や仏人権宣言のみならず、英マグナ・カルタにまで遡って見出すことのできる、特に伝統があり重視されてきた人権の一つなのだ。かくして「暴力のコントロール権としての人権」という視点は、身体的自由権がなぜ基礎的な人権の一つとみなされてきたかも説明するだろう(7)。

五　武力介入と平和構築

† 国家主権と人権

近年、国家の主権はその人権保障に対する意志と能力によってこそ正当化されるという見方が強まりつつある（瀧川 二〇一〇、五五－六二頁、井上 二〇一〇、二四七－二四八頁参照）。もっとも、近代主権国家正当化の標準的理論である社会契約論からみれば、こうした見方は当然とも言える。社会契約論によれば、主権国家の正当性は根底において人民の意志に支えられている。人民が主権国家に同意するのは、人権保護のためにそれが必要だからである。つまりこの標準的国家正当化理論からすれば、主権国家はたしかにほかの何ものにも支配されない至上性をもつとはいえ、その至上性はあくまでも人権との相関性のなかで認められるのであり、絶対的なものではないのだ。

このような考え方に従えば、国家が人権保障の意志と能力を失っているならば、国際社会がその国家に介入して人権保障をすべきである。もしその国家が内戦状態になり、むき出しの暴力による人権蹂躙《じゅうりん》が生じたならば、当然、武力介入も必要となる。紛争への武力介入の正義について考慮すべき問題は多岐にわたるが、ここでは一般的に人権の観点から、また「暴力のコントロール権としての人権」の観点から言える基本的なことを述べよう。

† 人権保護のための介入

いわゆる「人道的介入」という考え方は、ともすると介入を「正義」が「悪」をたたく「正戦（正義の戦争）」にしてしまう。膨大な数の人間を殺戮《さつりく》する軍事力に「正義」のお墨付きを与えることは、第一に「正義」の価値を貶める。これは、今世紀初頭にアメリカが正義の名のもとに行なったアフガニスタンとイラクへの軍事介入で実際起こったことである。さらにそのような「正義」の軍事力は、その規模や方法の制限が安易に取り払われる恐れがある。政治学者カール・シュミットの批判で有名な、正義の暴力の野蛮さ・残酷さという問題だ。近年ではイラク戦争において二〇〇四年アブグレイブ刑務所で発覚した残酷で大規模なイラク人捕虜虐待などが、その証左である。

軍事介入が野蛮さと残虐さへ陥るのを防ぐために、「人道的介入」ではなく「人権保護」のための介入という理念に基づいた武力介入のあり方を構築することが重要だ。「人道（humanity）」という言葉には介入者側が「人間愛から保護してあげる」というような「上から目線」の発想が感じられる。一方「人権保護」のための介入という考え方は、保護される側の視点に立った介入を導く。今国連では、「人道的介入（humanitarian intervention）」に代わる「保護する責任（responsibility to protect）」という概念が登場している。このような用語変更の理由の一つとして、介入を保護される側の視点から捉えるため、ということが実際に挙げられているのだ（川西 二〇〇七、一八頁）。

人権保護のための介入という考え方では、介入の根拠は、介入する側の人類愛的判断ではなく、保護される側の「権利」である。それゆえ介入はその権利に対応する「義務」である。このとき武力行使の第一の目的は、迫害する側への攻撃ではなく、迫害される側の防護と迫害の抑止となる。具体的にはおそらく、「空爆」ではなく、防護と抑止のための大規模な軍事力の地上への投入が優先的に考慮されるというような違いを生むことになるだろう(8)。

もっとも、このような介入の理念を実現するためにはさまざまな問題が残されている。抑止力となりうるだけの軍事力は圧倒的なものでなければならない。またそうした軍事力を地上に投入することは、当然、兵の損害というリスクを負うことになる。そのような軍事力をどこが提供するのか。他国の人権保護のためにリスクを引き受ける考え方もシステムも、今の国際社会には整っていない（伊勢崎 二〇〇四、五五－五六頁、大沼 一九九八、一二三－一二六頁参照）。しかし少なくとも国際社会は、国連を中心に、人権保護という観点から介入の必要性を認め、正当で意義ある介入を実現しようという方向に動き出している。

†暴力のコントロールによる紛争予防

右に述べた国連の「保護する責任」という考え方では、責任の局面を、紛争の原因に取り組む「予防する責任」、起きた紛争に対する「対応する責任」、紛争後の復興支援への「再建する責任」の三つに分けている（川西 二〇〇七、一七頁）。このように紛争の前と後の局面を考慮することは、人権保障のためにとても重要だ。これら三つの局面全体を通して人権保障を確立していくことが真の「平和構築」と言えるだろう。このような平和構築のために、「暴力のコントロール権としての人権」という考え方は大きな意義をもつと思うのだ。

それは第一に、紛争予防の局面において意義をもつ。内戦的な紛争を予防するために何よりも重要なのはまさに暴力のコントロール権を市民がもつこと、つまり公共的自律の確立だ。近年の内戦的紛争の多くは、独裁や軍事政権などの非民主的体制において、あるいは旧ユーゴのように、民族主義の台頭によって民主的体制が壊れていくなかで生じていると言ってよいだろう。紛争は基本的に、一部の集団が暴力制御を意のままにし、他を抑圧するところに生じる。それゆえ人民の政治参加を確立し公共的自律の安定的体制を作り上げていくことは、紛争の予防にとってきわめて大事なことなのだ。

「暴力のコントロール権としての人権」という人権観の利点は、公共的自律の体制を欠く国家を「本質的に人権が損なわれている国家」として指定でき、その国家への何らかの非難や干渉、または国際的支援を正当化できる点にある。もちろん、非民主的体制転覆のための軍事介入を肯定したいわけではない。そのような介入は、後に論じることからも分かるように、正統性を欠き平和的な人権保障体制を不可能にしてしまう不当な介入だろう。しかし国際社会は非民主的体制に対してそれを放置したりましてや支援したりするのでなく、民主的体制へ変革することを迫るような方策を講じていくべきではないだろうか。

自由権や社会権のみを人権とみなそうとするミニマリズム的人権論は、このような予防の局面において十分な役割を果たせない。このような人権観は、生命の危機や極度の貧困が現実的であるときに初めて人権の切り札をもちだす。人権の利用をその局面に制限することによって広い合意を得ようとするのだ。しかしこうした人権観では、そのような危機的状況を生じさせる原因としての国家体制の問題に対して強いアプローチができない。

強権的な独裁体制や軍事政権をしく国家に対してどのような姿勢を取るかということは、その国家の将来の人権保障にとってとても重要だ。これまでの国際社会は、そうした独裁的・軍事的国家を自国の国益のために支援するということを当たり前に認めてきた。そうした支援には軍事的支援や武器の供与も含まれている。民主的体制が整っていない国家に大量の暴力が集められることがその後どんな激しい紛争を生むかは、これまでの歴史が、そして二〇一三年一月現在、泥沼化しているシリア内戦が、如実に示している。これまでの国際社会の姿勢を変えることは、もちろん一朝一夕にできることではない。しかし、それでも変えていこうとする国際的意志が必要である。「暴力のコントロール権としての人権」は、この意志を支える一つの思想になりえるのではないだろうか。

† 正統性の重要性

さらにこの思想は、発生した紛争への介入とその後の復興支援においても重要な視座を与える。介入や復興支援において「正統性（legitimacy）」という概念が今重視されている。この語をやはり『広辞苑』で引くと、「国民が政治の仕組みと政府の活動を承認・支持する度合いのこと」とある。「正統性」は単純に規範的な正しさを意味する「正当性（justness）」とは異なり、政治的な人民の同意や承認を表わす概念だ。まさに公共的自律、暴力のコントロール権という考え方につながる概念なのである。

正統性の問題はまず介入者について生じる。保護・支援のための武力介入にしても、当の保護・支援される人民の同意なき介入、つまり正統性を欠く介入は、人権保護としての正当性も欠くと言えるだろう。それは結局、人民を他律的に強制支配することでしかないからである。実際にそのような非正統的介入は、その後の平和、すなわち人権保障体制を構築しえないだろう。それは米の軍事介入後のイラクをみれば明らかだ。フセイン政権崩壊後の、イラク国民の同意を得ない米主導の民主化と復興は、テロや対立抗争による多くの犠牲者を生みだして失敗に終わったと言うべきだろう。

さらに正統性は、紛争後の新たな統治機構の樹立においてとても重要である。新たな統治機構のもとで平和を作り出すためには、さまざまな勢力が保持する暴力を放棄させ、その暴力を再び統治機構に集中させて安定的に管理せねばならない。そのためには各勢力の武装解除の同意が当然必要であり、またそれと連動して、新たな暴力独占装置を掌握する権力者への、有力者や人民の同意が必要である。そうした正統性を抜きに安定的な暴力独占装置、すなわち国家が立ち上がることは不可能だろう。(9) このように、まず統治機構樹立にあたって人民自身が暴力のコントロールに参与することが、その国家の人権保障体制の礎なのである。

† 暴力のコントロールとしての平和

本章三で私たちは、暴力のコントロールによる他律の拒否への普遍的要求に人権の基礎を捉えた。

しかしこの四、五の考察を通して思われるのは、この他律の拒否への普遍的要求は、個人の安全保障、すなわち平和への普遍的要求に言い換えることができるということである。このことは私たちに平和とは何かを改めて考えさせる。

平和とは暴力の不在だろうか。もちろん、暴力が「不当な」物理的強制力・殺傷力を意味するのであれば、平和は暴力の不在と言ってよい。しかし、平和は、物理的強制力・殺傷力そのものがなくなることを意味しない。むしろ平和はその力を必要とする。「暴力」を本章で使用してきた意味で用いるならば、平和は暴力のコントロールとしてあるのだ。暴力なき世界を望むのは非現実的であり、またおそらく誤っている。国家的暴力との関わりから解き放されたいわば「自然人」は安全なのか。否。難民や国家から迫害された人びとを想像すればいい。ある暴力装置から外れた個人は、他の暴力装置にその一員として参与できない限り、むき出しの冷たい暴力にさらされるだけである。

したがって世界平和への道は、暴力の放棄ではなく、次のことにある。暴力を常にそれに影響される人びとの意志の制御下に使用させること。それができない国家の暴力を決して支援しないこと。人民による制御を欠いたそのような暴力が人民の制御下に正統性をもって再編されるよう、権力者への圧力と人民への支援を継続すること。

国際社会が世界平和を本気で望んでいるというならば、せめてまず右に挙げたことを国際社会の基本的「義務」とすべきではないか。これらができなくて平和など望めないのは、近年の世界の現実からしてもはや明らかだと思うからだ。このような「義務」を「義務」として確立するために、まず暴力のコントロール権を人間の基本的「権利」として掲げる必要があるのではないか。平和への祈りに本気で反論できる人など誰もいないとすれば、いずれこのシンプルでストレートな人権観は世界的合意を得られるのではないだろうか。

(1) Abolitionist and retentionist countries, Amnesty International, http://www.amnesty.org/en/death-penalty/abolitionist-and-retentionist-countries（二〇一三年一月六日アクセス）
Figures the death penalty, Amnesty International, http://www.amnesty.org/en/death-penalty/numbers（二〇一三年一月六日アクセス）を参照。
(2) 米村（二〇一〇）、内藤（二〇一〇）の議論、またベンハビブ（二〇〇六［2004］）一一九－一二五頁を参照。
(3) このような戦略の問題点についてはミラー（二〇一一［2007］）二〇〇－二一五頁を参照。
(4) 政治的権利を重視する人権論として齋藤純一（二〇一一）、ベンハビブ（二〇〇六［2004］）。
(5) ミラー（二〇一一［2007］）の第七章の議論、また大沼（一九九八）一八九頁参照。
(6) Abolish the death penalty, Amnesty International, http://www.amnesty.org/en/death-penalty（二〇一三年一月六日アクセス）を参照。
(7) 高木（一九五七）四六頁、一一〇－一一一頁、一三一－一三二頁を参照。
(8) 以上の人道的介入の議論は、最上（二〇〇一）一四〇－一五一頁を参照。
(9) 統治機構樹立において何が重要かについては東（二〇〇九）、特に第二章から第四章を参照。

第8章　これって僕らの責任？

中本幹生

一　どこまで責任があるのか

世界の人口のうち十億二千万の人が慢性的な栄養不良状態にあり、そのうち毎年約一万八千人が貧困と関連する原因で早死にしている、という事実をあなたは知っているだろうか。これは日平均では五万人であり、全人類の死者の三分の一に相当する。数からいえば、ナチ強制収容所で喪われたのと同じ数の人命が、貧困が原因で七か月ごとに喪われているのに等しい。先進国に住んで豊かな生活を謳歌している私たちに、彼らを支援する責任はないのだろうか。

また、日本が一九三〇－四〇年代の戦争中にアジア諸国で行なった残虐行為に対して、現在の私たちは償いをすべきだろうか。第二次世界大戦中のナチス・ドイツによるユダヤ人絶滅政策や、過去のアメリカにおける奴隷制についても同じことがいえる。戦後世代のドイツ人はその犠牲者に、今のアメリカの白人は黒人に対して、謝罪と補償をすべきなのか。

また、私たちが今のままのライフスタイルを続けると、温室効果ガスの排出で百年後の気温は最悪の場合四・二度上昇すると予測されている。そうなるとハリケーンや台風の巨大化による気象災害の増加、熱波による死者の増大、海面上昇、砂漠化など、さまざまな害を未来の人びとが被ることが予想されるが、それを回避する責任は私たちにはないのだろうか。

そんなことは私たちに何の責任もない、と考えたくなるかもしれない。なぜならこれらは、私たちの身近にいない遠くの人びとや事柄に関わる問題ばかりだからだ。しかしはたしてそうだろうか。本章では、従来あまり責任の対象とみなされてこなかったこうした問題について考えてみたい。これらの問題を簡潔な問いの形にまとめれば、次のようになる。①遠くの貧しい人びとに対する責任はどこまであるのか。これは空間的に遠く隔たった人びとに対する責任の問題だ。貧困国への援助を例に考える。②過去の人びとの過ちを償う責任を私たちは負っているのか。こちらは空間的にではなく時間的に遠く隔たった場合にあたる。日本の戦後補償を例に考える。③未来の人びとに対する責任はあるのか。やはり時間的に隔たっているが、今度は過去ではなく、未来に関してどこまで責任が及ぶかだ。環境問題を例にとろう。④自然に対する責任はあるのか。すなわち、責任の対象は「人間」を越えて「自然物」にまで拡張されうるか否か。これも環境問題を扱う。

このように空間的にも時間的にも遠い人びと、またヒトという種に属さないという意味では遠い自然物という存在。はたして私たちは彼らに関わる責任をもつのだろうか。これを各々吟味してみよう。その上であなたたちはどう思うだろうか。それはあなたたち自身で考えてもらいたい。

二　遠くの貧しい人びとに対する責任はあるのか

†素朴な疑問への反論

遠くの貧しい人びとを援助する責任が私たちにはある、と言う前に、あなたたちはきっといくつかの疑問を感じることだろう。たとえば次のように。①どうして会うこともない人びとの利害を考慮しなくちゃならないの？　遠くの人びとよりも、まずは近しい人びとの面倒をみるべきでは？　②いくら私が援助したって、世界の貧困をすべて解消させることなんてできやしない。焼け石に水だよ。③世界の貧困は大きすぎて、富める国が負担できるコストで根絶できそうにない。根絶しようとすれば、私たちの生活や文化に壊滅的な損害を与えることになり、実行なんてできやしない。④貧困の原因は恐らく人口過剰にある。だから援助するとさらに多くの人が生まれ、将来貧困とそれによる悲惨な死をむしろ増加させるんじゃないか。援助はかえって逆効果だ（シンガー　一九九一［1979］、二二五頁以下、ポッゲ　二〇一〇［2008］、三〇頁以下）。

ほかにもあるかもしれないが、これが代表的なものだろう。しかしこうした疑問には、次のように反論することもできそうだ。

①に対して――これは平等の理念に反する。身近な人の方の利益を優先しがちだ、という傾向が私たちにあるのは事実だし、それは一概に否定すべきことではないかもしれないが、一方で私たちは、「人びとの利害を平等に配慮すべき」という考えももっている。この「人びと」には、国籍や肌の色の違いや遠い近いは関係ない。この平等性を大きく損なわない範囲でならより近い人びとを優先することも正当化できるかもしれないが、現在の貧富の格差は明らかにその正当な範囲を逸脱している、とも考えられる。

②に対して――たしかに私一人の与える援助が世界の貧困全体に目につく影響を及ぼすことはない。しかし全体を変えられなくとも、一人でも二人でも飢餓による死から救うことができるのなら、それは無益とはいえない。

③に対して――そもそも事実に反している。深刻な貧困のなかにいるすべての人びとの不足分は、富める国の年間収入の総計の一%よりも少ない額にすぎない。貧しい人びとへの援助はそれに匹敵するほどの犠牲を払うわけではなく、富める国は依然として豊かさを維持できる。

④に対して――この主張が前提している結果予測、つまり援助が人口増加をもたらすということ自体が正しくないかもしれない。貧しい国を援助して彼らの生活水準を引き上げ、教育を改善し、女性をただ子どもを産むだけの役割から解放するようにできれば、むしろ出生率が大幅に減少することを示す証拠はたくさんある。貧困を減らすことは、実は人口過剰を食い止める最善の戦略かもしれな

いのだ。

†強い義務と弱い義務

こうして素朴な反論は否定できるだろう。では次に、援助する責任があるという考え方の方を検討しよう。その際、その責任はどの程度強いものかということも同時に問題になる。援助しないことは、私たちが非難されるに値するような責任放棄にあたるのだろうか。それとも、援助はあくまで称讃に値する功績的な行ないであり、たとえ援助しなかったとしても非難されるほどのものではない（つまり慈善としての責任）のだろうか。

私は今、責任の種類を二つに分けた。この区別は一般に広く受け入れられている考え方、すなわち「誰かを死ぬに任せる」ことと「殺す」こととは道徳的に区別される、という考えに基づく。たとえば、慈善団体に寄付せずに豊かなライフスタイルで暮らすことは、アフリカに渡ってそこの住民を何人か射殺することと倫理的に同じことになるのだろうか（シンガー 一九九一［1979］、二一五頁）。前者は単に「誰かを死ぬに任せること」（不作為）であるが、後者は「殺すこと」（作為）である。両者に本質的な違いがないのなら、富める国に住む私たちはみな殺人者だ。しかし大抵の人は、即座にその通りだと認めることに躊躇を覚えるだろう。なぜなら普通、不作為よりも作為の方がより道徳的に重い、つまり両者には道徳的な区別があると考えるからだ。この区別を踏まえ、ここでは道徳的義務を二種類に区別し、それに従わなければ非難に値する義務（たとえば「殺してはならない」）を「強い義務」と呼び、それに従わないことも許されるが、もし従えば称讃に値する功績的な義務（たとえば「生命を救うこと」）を「弱い義務」と呼ぶことにしよう。

† 慈善ではだめなのか

貧しい人びとへの援助は善意による慈善で十分ではないか、と思う人は少なくないだろう。つまり弱い義務とみなすのだ。その理由の一つとして、恐らく次のように考えるからではないか（シンガー 一九九一［1979］、二一九‐二二〇頁）。私たちはみな生きる権利をもっている。それが意味するのは、私に危害を加えたり、私の生命を奪ったりしてはならないということ（不作為）を他者に義務づけるものではあっても、私の生命が危険に陥ったときに、私の生命を救うこと（作為）まで他者に義務づけるものではない。それゆえ、救わないこと（不作為）は、何の権利侵害ももたらさず、したがって救うこと（作為）に対する強い責任はない。

この種の権利理論が前提している人間観は、もともと人間は個々人がバラバラに独立して暮らしていた（いわゆる自然状態）という想定に基づく。この想定から導かれるのは、各人が相互に干渉しない限り、いかなる権利も侵害されないという権利解釈だ。だから、私が他者に何もしない（不作為である）限り私に何の責任も生じないし、また私が他者に積極的に何かをする責任もない。極端な例を挙げれば、小さな子どもが池に落ちて溺れそうになっているのに私が気づいたとしても、私はその子を必ずしも助けなければならない責任はないことになる。

だがこうした極端な例（慈善の義務そのものの否定）は、社会としてあまりに殺伐としすぎ、私たちの常識となじまないようにも思える。そこで私たちは、不干渉の義務（他者に危害を加えてはならない）だけに限定されたこの権利理論にプラスアルファとして、慈善の義務を加えたくなるのではないだろうか。(1) そしてこのプラスアルファは、この権利理論と論理的齟齬《そご》を来すわけではない。というのも、権利は必ず他者に義務を生じさせるが、義務は必ずしもそれに対応する権利が他者の側にあることを想定しないからだ。貧しい者には富める者に援助を求める権利があると考えなくても、富める者には貧しい者を援助する義務があると考えることは可能だ。こうして、権利はあくまで干渉を退ける権利に限定しつつ、弱い義務を認めることは可能になる。

しかし貧しい人びとへの援助の義務は、本当に弱い義務にすぎないのだろうか。この場合それを行なうか否かは個人の自発性にまかされることになり、実際に援助が行なわれるかどうかは覚束ないという問題はある。私たちの責任を強い義務とみなすことはできないのだろうか。次に、貧しい人びとへの援助を強い義務とみなす二つの考え方をみてみよう。

† 功利主義の立場から

上記の権利理論では、私が誰かの権利を侵害した場合にのみ私に責任が生じることになる。しかし功利主義（行為の倫理的評価の基準を行為そのものの特徴にではなく、その行為に影響を受けるすべての人びとの幸福ないし快を全体的にみて最大にすることにおく）の立場では、「救わないという不作為」に対しても「殺すという作為」と同等の責任があることになる（シンガー 一九九一［1979］、二二九頁）。

ここでは簡単に、援助した場合としない場合を、生命の数を基準にして、どちらがより「最大多数の最大幸福」を実現できるかという形で考えてみよう。まず援助しない場合。その場合の世界全体の有様は、冒頭のデータで示した通り、毎年一八〇〇万の生命が失われてゆく状況になる。次に援助した場合。これもすでに述べたように、富める国の年間収入の総計の一％よりも少ない額で、この一八〇〇万の生命は救われることになる。これによって富める国で死者が出るとは考えにくい。たとえ（世界全体から見てごく一部の）豊かな国の人びとの生活の快適さの低下というマイナス要因（一％の！）を考慮したとしても、援助しない場合より援助した場合の方が、世界全体の幸福量を増大させることは明らかだ。ここから、私たちは彼らを援助すべきという結論が導かれる。「救わないという不作為」は、「最大多数の最大幸福」という観点からは非難に値することになる。ここでは強い義務と弱い義務の区別はないのだ。

† 世界の貧困の放置は強い義務にすら反している

もう一つの考え方は、実は既述の権利理論の立場に立ったものだ。この立場に立ってさえ、富める者は貧しい国の人びとを援助する強い義務があるという結論が出るという主張がある。なぜなら、そもそも富める者は、直接的にではないとしても、社会制度を通じて間接的に貧しい人びとに加害しているかもしれないからだ。たとえば現在の経済的グローバル化は、富める国には便益をもたらしながら貧困国にはそのような便益に手が届かないようにしている。貧困国は彼らの生産物を輸出することに対する高い障壁に直面し続けているし、彼らにとって死活問題である医薬品のジェネリック版を、彼らが生産し貧しい人びとに廉価で供給することが、知的財産権を保護するＷＴＯ（世界貿易機関）諸規則によって不可能にされてしまった（ポッゲ 二〇一〇［2008］、四三頁）。このような関税・農業補助金・薬品に対する知的所有権の執行などの公約は、富める国が一部の人たちの物質的儲けのために、それをするように貧困国に押しつけたものだ（ポッゲ 二〇一〇［2008］、四八頁）。この事実を認めるならば、私たちは貧しい国の人びとの権利を世界的な制度的秩序を通じて侵害しているのであって、そもそも強い義務にすら反していることになる。それゆえ、強い義務に限定した権利理論の立場に立ってさえ、私たちには彼らを援助する責任があることになる。

以上、貧しい国の人びとに対してどこまで援助する責任が私たちにあるのかを考えてみた。慈善の義務で十分なのか、それとも援助する強い義務が私たちにあるのか。提示されたいくつかの代表的な考え方を踏まえた上で、さらにあなたたち自身で考えてみてほしい。

三　過去の人びととの過ちを償う責任はあるのか

† 私のしなかったことについて私に責任はない？

一九三〇－四〇年代の戦争における日本のアジア諸国への残虐行為に対して現在の私たちは償いを

すべきだろうか。この問いに対しては次のような強力な反論が可能だ。なんで自分が加担しなかったのに償わなくちゃならないの？　自分が生まれる前に行なわれたことに対して、自分に責任なんてないよ。この反論には説得力がある。なぜならこの主張は、私は自分で自由に選んだ行為の結果に対してのみ責任をもつ、という広く受け入れられている考え方に基づくからだ。逆に言えば、自分の力の及ばない出来事（過去世代の行為はこれに含まれる）に責任はない。これは、自由とは自分の意志で背負った責務のみを引き受けることだ、という個人主義的な考え方に基づく（サンデル 二〇一〇［2009］、二七六頁）。他者に対して責務があるとすれば、それは何らかの同意――自分がなした選択、約束――に基づく。言い換えれば、一人ひとりの自由な選択が、私たちを拘束する唯一の道徳的責務の源なのだ。

† 集団自体の責任としての戦後責任

このように責任の主体が個人にのみ限定されるなら、過去世代の過ちの責任を現在の私たちが負うことは不可能だろう。しかし戦争の場合、行為主体が個人ではなく集団（国家）であるということは、この問題を考える場合のポイントだ。この点に着目すれば、戦後責任を私たちが負う可能性も出てくる。過去の日本が犯した過ちの責任を、現在の日本が負う。ここには主体の同一性が成り立っている。

しかし問題はそう単純ではない。一般に、集団が集合的な行為をしたときに誰が責任を負うのか、という問は難しい問題を含む。たとえば集団暴動が起こったとき、その責任は誰が負うべきなのか。

集団を構成していた一人ひとりだろうか。しかし集団の行動というものは構成員の意志や制御を超えて起こる場合もあることを考えると、集団行動をその構成員の意識・行為にすべて還元しきれないという主張もある（小坂井 二〇〇八、一七四頁）。となると、個々人に責任はないことになるのだろうか。別の例として、より組織化された集団（会社）を考えてみよう。運転手のミスで電車事故が起きた場合、それは運転手自身の責任なのか、それとも訓練システムや管理の不備といった会社の管理責任が問われるべきなのか。これはいずれも、責任を負う主体は個人か集団か、という厄介な問題を孕んだ例だ。

ここでは制度化された集団（国家、会社等）と個人の責任の問題に焦点を絞ろう（大庭 二〇〇五、一二〇頁以下参照）。集団の活動は外部の人たちに対しても影響を及ぼす。それゆえ集団はその影響について責任がある。たとえばある工場が排出物処理をせずに廃水を垂れ流したため、環境が汚染され公害が発生したとしよう。この場合、環境汚染や住民の健康被害の責任は集団自体（会社）にあるのか、それとも個人（各構成員）にあるのか。

（a）集団の構成員の責任——まずもって責任が重いのは、垂れ流しを決定した会社の幹部だ。では経営方針の決定に関わっていない末端の平社員はどうか。彼らの責任を問うのはたしかに難しい。垂れ流しの事実を知らされず、ただ指示に従って仕事をしただけなら、責任はゼロに等しいだろう。しかし、もしそれをうすうす知りつつも仕事をしていたとしたら、まったく責任がないとはいえない。すなわち、その人が置かれた状況・情報の与えられ方などによって、ほかの行動もありえたという自由度は変化するのであり、その自由の度合いに応じて責任の大きさも変化するだろう。
（b）集団自体の責任――個人の行動の責任は個人が負う、ということは分かりやすい。個人主義的に考えれば（a）のような責任はありえても、集団自体の責任はありえないことになりそうだ。集団は個人のように身体をもたないので行為主体ではない、ゆえに集団自体の責任もありえない、という意見もありうるだろう。しかしこれには次のような反論もある。集団はたとえ身体はもたなくとも集合的な意志決定の過程が存在し、その決定に基づいて集団の活動は行なわれる。この点に注目する限り、集団にも集合意志、集合的人格が認められ、行為の責任を負うと考えられる（大庭 二〇〇五、二八頁参照）。「法人（法人格）」として制度化された集団が、その集合的行為に関して責任を問われるという例を考えてみればよい。
さて日本の戦後責任の問題に戻ろう。この場合（a）で戦後責任を定立することはできない。私たちはまだ生まれておらず、その集団の当時の構成員ではないからだ。それゆえ、（b）の責任が存在するかどうかが問題となる。近代個人主義の考え方に基づけば、集団自体の責任は否定されうる。しかし今みたように、集団にも集合意志を認め、その自由な行為の責任を負う、と考えることは不可能ではない。

† 国の責任であって、私には関係ない？

しかしこれで問題がすべて解決したわけではない。このように集団自体の責任があると考え、その責任を各構成員に還元することはできない（還元されうると考え、責任を個人レベルだけに限定することは個人主義の立場であり、この場合過去世代の過ちを償う責任はありえなくなってしまう）とも考えるなら、以下のような別の問題が生じる。(2) もし個々の構成員とは別に集団に責任を負わせるなら、むろんその集団責任は各構成員には移転しえない。もし集団がその構成員に還元されるなら、集団自体の責任などわざわざ措定する必要はなく、各構成員がとる個別行為の責任だけを問えばよいだろうから。この場合集団責任は無駄な概念になってしまうだろう。したがって、各個人責任とは別に集団自体の責任を定立するということは、構成員全体と集団自体を別存在と認めることであり、この場合論理的に、集団自体の責任を構成員は負えないことになる。これを日本の例に当てはめれば、現在生きる各日本人とは別の実体として「日本」や「日本人」を考え、その「日本」が犯す罪に対して「日本」が責任を負う、と考えることになる。しかし「日本」は各日本人とは別の実体なのだから、「日本」が非難されても、私には痛くも痒くもないはずだ。「日本」の罪は私にとって他人事になる。日本に対する戦争犯罪の糾弾に対して、「その通り、本当に「日本」は悪い国だ。私には無関係だが」という反応をとることになるが、このような反応を正当だと認める被害国の人は恐らくないだろう。

私たちはここで一つのジレンマに出会っている。すなわち、「集団自体の責任」を定立すれば、過去の国家の過ちに対する責任は定立されるが、それは「私には（少なくとも道徳的には）関係ない」(3)という いささか容認し難い（？）反応が論理的に帰結してしまう。逆に、「集団自体の責任」を認めない個人主義の立場に立てば、過去の過ちに対する責任が説明できなくなる。むろんこの個人主義の考え方も一つの立場ではある。しかしそうした罪の責任を説明しえない倫理というのはいささか貧弱ではないかとも思えるが、どうだろうか。

† あなたたちがあってこその私

では、個人の責任か集団の責任か、という二律背反に陥らずにこの問題を考えることはできないか。

共同体主義は、個人主義的人間観とは異なる自己のあり方を提示している（サンデル 二〇一〇［2009］二八八頁以下）。私という人間は私自身がそうであることを選んだものだ、と考える個人主義に対して、共同体主義は、自己のアイデンティティの源は共同体の物語のなかに埋めこまれているとみなす。つまり、私は社会的・歴史的役割や立場から切り離しうる存在ではなく、帰属している社会における社会的アイデンティティの担い手として存在する。そのようなものとして、私は自分の家族や都市、国家、国家の過去からさまざまな負債、遺産、正当な期待、債務を受け継いでいるとみなす。それらは私の人生に与えられたものであり、私の道徳的出発点となる。これらは私の人生の一部というわけだ。この考え方は、各構成員の責任とは別存在としての集団自体の責任（自由な集団意志を根拠とする）を措定するわけでもなく、かといって責任の源を個人の選択や行為のみに限定するわけでもない。そうではなく、私は集団の一員として、過去の集団の犯した過ちの責任があると考えるのだ。

この個人主義と共同体主義の相違の背景にあるのは、基本的な人間観の違いといえる。前者は個々人を独立した存在として捉え、その各人の自由な意志にのみ責任の源をみる。後者は、その自由な主体としての私は、同時に他者との関わり合いのなかにおいて生きているということを重視する。その関わり合いは私のアイデンティティの一部なのであり、したがって同意や契約に源をもつわけではない道徳的責任もそれに関わってくる。この立場に立てば、たしかに私は過去の日本の犯した過ちに同意したわけではないが、過去から連続する国家の一員であるゆえに、私にもその責任があることになる。これは右のジレンマを回避できる一つの考え方かもしれない。

個人主義、集団自体の責任、共同体主義。この三つの視点から比較検討してみたが、さてあなたはどう考えるだろうか。

四　未来の人びとに対する責任はあるのか

† 環境問題と世代間倫理

倫理や責任といえば、今生きている人びととの関係において普通は考える。これに対し、同時代という時間的制限を越え、異なる世代の人びととの間に成立する倫理、すなわち世代間倫理という考え方がある。ここでは「未来世代に対する倫理」は可能か否かを、環境問題を例に考えてみよう。ところで、なぜ私たちは自然を守らなければならないの?、と聞かれてあなたは何と答えるだろうか。二つの答え方がありうるだろう。自然が破壊されると未来の人類が困るから。もう一つは、自然それ自体に何らかの尊重すべき価値があるから。二つ目については**五**で取り上げるとして、ここでは一つ目の答え方に注目しよう。実際環境問題においては、現在すでに被害が出ているものもあるが、未来の人びとが被害者となり、現在世代がその加害者となるケースも多い（地球温暖化、オゾン層の破壊、天然資源の枯渇、核廃棄物の処理の問題など）。ここから、私たちは未来世代の利益を考慮して行動すべきではないか、という世代間倫理の考え方が出てくる。

しかしこれにはさまざまな反論も思い浮かぶ。たとえば、①どうして会うこともない人びとの利害を考慮しなければならないの？　②未来の人びとの利益を考慮するといったって、遠い未来の人びとが何を欲しているか分からないよ。③どうして私たちが未来の人びとのために犠牲を強いられなくちゃならないの？　いったい彼らが私たちのために何をしてくれた？

ここでは、これらの反論に再反論可能かどうか考えることで、未来の人びとに対する責任の可能性について考えてみよう。

† ①②への再反論

①への反論は、**一**でみた最初の反論とほぼ（空間的と時間的の違いはあるが）同じだ。あえて言えば、貧しい人びとは現に存在しているが、未来の人びとはまだ存在していないという点で、貧困国への援助の問題より一層困難が大きいかもしれない。しかしここでも、**一**と同じく「平等の理念」に基づいた再反論は可能なように思う。国籍や肌の色の違いと同じく、どの時代に生まれるかということ

も偶然であって本人の責任ではないのだから、それによって不利益を被ることはおかしい。
②については、たしかに遠い未来の人びとが何を欲するのかは定かでないと言える。彼らは私たちとはまったく異なる価値観をもっているかもしれない。たとえば、よかれと思って石油資源を残しても、もはや彼らはそれを必要としないかもしれない。何が彼らの利益か分からないのだからそれを配慮することも不可能だ。だからそういう責任はない。こういう反論だ。しかし未来世代の利益を配慮するという場合、彼らの選択を予測する必要がはたしてあるだろうか。たとえどんな価値観をもつにせよ、その価値観を自由に追求することを可能にするような生存基盤を私たちは彼らのために保証すべきではないか。つまり彼らが何を欲するか分からないから責任がなくなると考えるのではなく、逆にできるだけ多くの選択の幅を残しておく責任があると考えるべきではないだろうか（加藤尚武 一九九一、三六頁）。この現在世代と未来世代の関係を、親と幼児の関係に当てはめて考えてみよう。親は幼児に対して配慮する義務がある。が、親は幼児が将来何を欲するか、何になりたいか、何を幸福と感じるかは分からない。でもだからといって子どもの将来の利益に関して配慮する責任はない、とは誰も言わないだろう。むしろ逆に、だからこそその子のためにできるだけ多くの可能性・選択肢を保持できるよう配慮する責任を親は感じるのではないか。

† いったい将来の人びとが私たちのために何をしてくれた？

この③の反論の根底にあるのは、互いに互いの利益を尊重し合う相互性（互恵性）こそが倫理の基本原理だという考え方だ。これは現在世代内ではリアリティをもつ。実際に互いの利益を考慮し尊重し合うことができるからだ。しかし世代間では説得力をもたない。私たちが未来世代の利益を考慮することはできても、逆は成り立たないからだ。この世代間の相互性の欠如が、世代間倫理に対する代表的な批判の一つになっている。

たとえば「未来世代の権利」という考え方がある。従来現に存在している人びとにのみ認められていた権利を、まだ存在していない人びとにも認め、その権利を保護する義務を現在世代が負う、という形で未来世代に対する責任を基礎づける世代間倫理の考え方の一つだ。しかしこれには批判もなされている。その理由は（i）私たちが未来世代に対する義務を負っても、彼らの方は私たちの権利を尊重してくれないではないか。（ii）未来世代はまだ存在していないのだから、権利－義務関係を生じさせるような契約や約束を彼らと結ぶことができない、というものだ（シュレーダー＝フレチェット一九九三［1981, 1991］、一二四頁）。この（i）は③の反論と同型である。しかしこの批判は正しいのだろうか。ここで前提されているのは、権利をもつためには同時に相手への（相手の利益も配慮する）義務も負わなければならない、という権利－義務関係についての理解だ。しかし権利－義務は相互的である必要はない。一方が権利をもち、他方がそれに対応する義務を負うという一方的な関係であってもおかしくない（たとえば債権と債務の関係を考えてみてほしい）。だがこうした一方的な権利－義務関係が可能だとしても、その関係が生じるのは契約においてではないのか。これが（ii）の反論だ。だが契約から生じておらず、かつ一方的な権利－義務関係を考えることは不可能だろうか。幼児の「生きる権利」を認め、それに対応する「世話をする義務」を親が負うという親子関係は、必ずしも契約を前提しない例として考えられうるだろう。これをモデルに未来世代‐現在世代関係を考えることも可能であるように思える。さらに（ii）に対する別の再反論として、実際に契約できるかどうかと関わりなく考えられる社会契約というものもありうる。正義にかなった社会のあり方を構想する手立てとして、誰もが社会における自分の位置や階級上の地位も知らず、自分にどんな能力があるか、資産、負債等をまったく知らないという状況を仮定し、その場合に私たちが選ぶであろう社会の原理が正義にかなった原理と考えるのだ。その際私たちは、誰もが有利にも不利にもならない原理を選ぶに違いない（この状況では誰も自分だけに有利な原理を立案することはできないのだから）。すなわちこの場合、私たちは公平に基づく原理に同意することは明らかだ。この状況において、誰も自分がどの世代の成員であるかを知らないということも仮定すれば、誰もが従いうる道徳的原理は、すべての世代の成員が等しい権利をもたねばならないという原理だろう。こうして未来世代の権利が導かれるとすれば、世代間で実際に契約を結ぶ必要はない（シュレーダー＝フレチェット 一九九三［1981, 1991］、一二七頁以下）。

しかし、このように未来世代の権利を構想したとしても、さらに別の観点から疑問を投げかける向きもある。なんといっても未来世代の人びとはまだ生まれていない。だから彼らは私たちに住み心地のよい世界を要求したり請求したりすることはできない。もし権利が何らかの主体に帰せられるある種の属性だと考えられるのなら、まだ存在していない彼らが、権利の主体たりうるのか——ここでこうした問題を詳細に検討する余裕はないが、権利理論による世代間倫理の基礎づけはさまざまな問題を含みうるということを差し当たり確認できればよい。最後に、こうした権利理論からのアプローチとは異なった視点から考えてみよう。すなわち、「責任」という概念そのものに定位して考えたいのである。それが、右のさまざまな問題を回避した上で、未来世代への責任を可能にする一つのアプローチと思えるからだ。

† 未来世代への責任

分かりやすい例として、すでに挙げた親の幼児に対する責任を手掛かりに考えよう（ヨナス 二〇〇〇［1979］、二二二頁以下）。この責任とはつまり、相手の未来に対する「配慮義務」を負うことを意味する。この相手は私の力の及ぶ範囲内にあり、私の力に委ねられていたり、私の力に脅かされていたりする存在であり、だからこそその相手の「傷つきやすさ」や「影響の受けやすさ」に応じて配慮すべき義務が私にある、ということだ。これをその相手の側から言えば、私（＝力ある者）に一定の行為（＝配慮）をするように要求を掲げている、とも言えるだろう。とりわけ危なっかしく傷つきやすい存在としての幼児は、その存在だけで、否応なく「世話をせよ」という声なき呼び声を周囲に向けている、と考えることができる。したがってそれに応えて配慮すべき責任を――たとえその呼び声を無視することが可能だとしても――保護者は負う。

現在世代と未来世代の関係が、この「力ある者」と「その力に委ねられ・脅かされている者」の関係に当てはまることは明らかだろう。この責任概念に基づけば、環境問題において未来世代が被害者となり、現在世代がその加害者となりうるというまさにそのこと自体から、私たちが未来の人びとに配慮する責任を負うのは自明だろう。その際、右にみた権利理論のもついくつかの問題点も回避されうる。まず相互性の問題。配慮義務としての責任の典型として挙げた親子の例でも分かるように、これは相互的な関係ではなく、一方向的である。すなわち、責任の倫理は相互性を必要としない。また、この責任は契約や同意に基づく必要はない。自分を世話してくれという契約なり同意なりを親に対してとりつけた上で世話を受ける赤子などいないだろう。むろんこのような場合と異なり、契約によって生じる責任というものもある。一定の職務上の責任がそうだ。このような責任は、委託し、それを引き受けることによって成立する責任であり、したがってその拘束力は約束から生じる。これに対して、約束からではなく、幼児に対する親の責任のように、事柄の本質の内在的な本性から生じる自然責任というものもありうる（ヨナス 二〇〇〇［1979］、一六八頁）。幼児と親は契約を結んだわけではない。幼児の危うい存在の在り方そのものが、前もって同意を必要とせずとも、配慮する責任を親に課すのである。未来の人びとに対する責任も、これと同じく自然責任で考えてよいだろう。

五　自然に対する責任はあるのか

† 人間に対する責任から、自然に対する責任へ？

四の冒頭で、なぜ自然を守らなければならないのかと問うた。世代間倫理は、私たちが他の人間（ただし未来の）の生存や幸福に対して責任を負っているとは考えるが、直接自然に対して責任を負っていると考えているわけではない。この場合自然は人間の幸福実現のための単なる手段・道具とみなされているにすぎない。しかし、自然それ自体に対する責任はないのか。最後に、この観点から自然保護を基礎づける可能性について考えてみよう。

しかしこれは難しい問題だ。これまでみてきたすべての問題は、責任の範囲の時空的な拡張という問題を含んではいるものの、いずれもその対象は人間だった。はたして責任の対象は「人間」を越えて「自然物」にまで拡張されうるのだろうか。これが難問なのは、責任という概念は人と人の間柄の特質と普通は考えられるからだ。そもそも「責任（responsibility）」という言葉は「応答（response）の能力（ability）」に由来する（さらにその源を遡れば、ラテン語の「応答する」に由来し、ローマ時代の法廷において、告発に対して弁明・反駁《はんばく》するという意味で用いられたといわれる）、つまり責任とはもともと人と人との関係において「呼びかけ・問いかけ」に「応えることができる」ことを意味しているのだ。私たちは何かを行なったとき、なぜそうしたかの理由を問われうるし、またときには別の行為の仕方へと呼びかけられうるし、かつそのような問いかけ・呼びかけに応えうる。これが責任ある人と人の関係だ。ところが、木や山は私たちに呼びかけないし、私たちの呼びかけに応えることもない（と普通は考えられる）。自然と人間とは呼応可能な間柄にない（大庭 二〇〇五、二五頁）。だから自然に対する直接的な責任はない。こう考えることもできそうだ。

† 功利主義と権利理論

自然に対する人間の責任や義務をいかに基礎づけるか。功利主義の立場から、道徳的責務を動物にまで拡張する試みがある。ヒトという種だけを特別扱いするのは種による差別だとし、苦痛を感じる能力をもつことを道徳的資格をもつことの基準にすべきだという主張だ。こうなると、私たちは人間の快苦だけでなく動物の快苦も考慮して行動しなければならない。こうして動物実験や畜産が批判される。だがこの立場では、動物が苦しんだとしても、その苦しみの総計を上回る恩恵がもたらされる場合には、動物実験や畜産は許容されることにもなる。つまり動物の苦しみにもっと配慮せよというだけで、動物実験や畜産自体を廃止せよという主張ではない。これに対して、動物実験や畜産それ自体を止めるべきだというもっと強い主張をする立場もある。動物の権利論だ。たとえそのような配慮をしても、動物実験や畜産はしょせん人間が動物を単なる手段や資源としているにすぎず、動物のもつ「固有の価値」およびそれに基づく「権利」を侵害しているというのだ。

だがこの権利理論にもさまざまな批判はある。この「自然の権利」はどこまで拡張されるべきなのか。動物の権利が認められても私たちは菜食主義でやっていけるかもしれないが、植物や無生物の権利まで認められたらどうするのか。というのも環境問題には森林破壊や海・河の汚染といった問題も含まれるからだ。このように権利を自然全体に拡張した場合、「人間の権利」の方が「自然の権利」よりも優先されるというふうに、両者の間に質的な差異を認めざるをえないことになりはしないか。

両者が等質だとしたら、私たちは一本の草も食べることができないだろうから。しかしこうした差異を認めてしまっては、権利概念を使うことの意義が疑わしくならないか。さらに、たとえ自然の権利を認めたとしても、実際に自然の侵害を避けるべく行動するのは私たちだという点にも注意する必要がある。自然に権利を認めるとは、人間の側に自然を破壊しない責任を生じさせることを意味するが、そうであるならば、ことさら「権利」を認めるまでもなく、人間の側の責任を規定しさえすれば、結果的に権利を認めたのと同じ世界（自然が破壊されない世界）が実現することになる。ならば人間の責任を規定しさえすれば、それで十分ではないのか。

† 自然と人間の呼応は可能か

そこで、改めて自然に対する人間の責任の可能性について考えてみよう。その責任に対する疑問とは、人と自然とが呼応可能な間柄にないということに起因していた。この点に焦点を絞って考えてみよう。

たしかに自然は、文字通り「おはよう」とか「助けてくれ」と呼びかけてくることはない。しかしその点では、責任の原型として挙げてきた親子（ここでは分かりやすく赤子としよう）の関係でも同じではないだろうか。もちろん赤子は泣き声という形で明らかな呼びかけもするが、親はそれに対してだけでなく、赤子のあらゆる無言の呼びかけに対して気を配り、応えようとする。実際に声を発するか否かにかかわらず、いわばそれ以前にすでに、赤子という危うい存在そのものが、否応なく「世話をせよ」という（無言の）呼び声（「べし」）を周囲に向けており、その点において、周囲の者に世話をする責任を生じさせるのだった。自然もこの赤子と同様に、それ自身存在しようとしつつも、同時にその存在が脅かされているという危ういあり方をしているとみることもできる。動物はそれ自身の欲求をもって行動しているのは言うまでもなく、植物も陽光の方へ向かって伸び、より多くの花を咲かせようとし、そのような目的に（たとえ無意識的にせよ）向かって成長しようとしている。その実現を妨げないでという無言の「呼びかけ」を、いわば擬似的に私たちはそれら自然のあり方に見てとることは不可能ではないかもしれない。もし不可能でないなら、それに「応える」責任が私たちにある、と考えることもまた不可能ではない。

†　機械論的自然観かアニミズム的自然観か

このような自然の見方は奇異に感じられるかもしれない。自然物は単なる物質じゃないか。物が呼びかけてくるなんてありえないよ。きっとこうあなたは言いたくなるだろう。というのも今の私たちの主流の自然観を規定しているのは、近現代の科学だからだ。科学は自然を原子の集まりとみなし、原子同士の機械的な作用によって自然現象を説明する。デカルトは自然を大きな機械とみなすことで、自然に目的が内在するというそれまでの自然観を駆逐した。しかしこれは一つの自然観にすぎない。たとえば古代にはアニミズムという別の自然観があった。天地万物に魂が宿っているとみなす自然観だ。ネイティヴ・アメリカンの言葉を一例として挙げよう。

私たち［アメリカ先住民］はどんぐりや松の実を揺さぶり落とす。私たちは木をたたき切ったりはしない。私たちは死んだ木を使うだけだ。しかし白人は土を掘り起こし、木々を引き倒し、なにもかもを殺してしまう。「やめて、痛い、私を傷つけないで」と木はいっている。……動物や鳥の世界にもラコタの民は兄弟の感情を持ち、危険を感じることがない。本当の兄弟のように、共通の言葉で話し、鳥や獣と仲間になるものもいた。（ドブソン編著 一九九九［1991］、二六五－二六六頁）

彼らは木からの「呼びかけ」を聞いている。たたき切ったりしない、という仕方で彼らはこれに「応える」。私たちにはお伽話のように聞こえるかもしれないが、彼らにとってはこれがリアルな自然なのだ。科学的な機械論的自然観は間違っている、と私は言いたいのではない。これが自然の見方としてきわめて有効なものであることは誰も否定しないだろう。ただ、だからといって他の自然観が間違っているとか意味がないと、言い切れるのだろうか。これに対する答えを私は今のところもたない。少なくとも言えることは、科学的自然観も、数多くある自然の見方の一つにすぎない、ということだけだ。

自然それ自体に対する責任はあるのか――本節が示しえたことは、その答えが、結局私たちがどのように自然を見るか、どのような自然観を選ぶかに帰着するということだ。

(1) ただしこれが唯一可能な権利のあり方ではもちろんない。権利を干渉を退ける権利だけに限らず、より強い権利すなわち請求権も認める、という別の制度も考えられる。この場合に生きる権利は、他者から生命を脅かされない権利ではなく、自らの生命が危機に瀕したときには他者に助けを求める権利でもある。こうなると、貧しい者は富める者の援助を求める権利をもつことになり、富める者にはそれを果たす責任がある。少なくとも、こう考えることによって権利概念に矛盾が生じるわけではない。

(2) 小坂井(二〇〇八)一七八頁を参照。本文におけるこの段落の叙述は、同書同頁から字句を少し変更して引用したものである。

(3) ただし、過去の自国の過ちについて私個人に道徳的な責任はないとはいえ、たとえば、現在の自国が賠償する経済的負担が今の私たちに課せられるという意味においては、私にも関係しているのもたしかだろう。

第9章　宗教って怖い？

竹内綱史

一　宗教と倫理学

† 一九九五年と二〇〇一年

ときは一九九五年三月二〇日、月曜日。気持ちよく晴れ上がった初春の朝だ。まだ風は冷たく、道を行く人々はみんなコートを着ている。昨日は日曜日、明日は春分の日でおやすみ——つまり連休の谷間だ。あるいはあなたは「できたら今日くらいは休みたかったな」と考えているかもしれない。でも残念ながらいろんな事情で、あなたは休みをとることはできなかった。

だからあなたはいつもの時間に目を覚まし、顔を洗い、朝食をとり、洋服を着て駅に向かう。そしていつものように混んだ電車に乗って会社に行く。それは何の変哲もない、いつもどおりの朝だった。見分けのつかない、人生の中のただの一日だった。

変装した五人の男達が、グラインダーで尖らせた傘の先を、奇妙な液体の入ったビニールパックに突き立てるまでは……。（村上 一九九九、三一－三二頁）

当時私は、都心の高校に地下鉄で通学していた。その日はたまたま終業式だったため始業が遅く、「地下鉄で爆発事故が起きて、現在不通です」というニュース速報（当初そう伝えられていた）を目にして、早めに自宅を出た記憶がある。オウム真理教事件。ラッシュ時の地下鉄に猛毒ガスのサリンを撒くという無差別テロを頂点としたこの事件は、未曾有《みぞう》の宗教事件として、今も人びとの記憶に強く刻まれている。日本犯罪史上最悪の凶悪事件を起こすなんて、「宗教って怖い」、と。日本人の「宗教嫌い」は前々から指摘されてはいたが、とりわけあの事件後、そうした意識は多くの人が共有している。

六年後、私は大学院生になっていた。夜、喫茶店で勉強していると、先輩から電話がかかってきた。「ニューヨークで大変なことが起きている」。9・11同時多発テロ。その後、アフガニスタンからイラクへと「宗教戦争」が世界を覆うことになる。もちろん、それらの戦争はグローバル化がもたらした歪みや原油利権をめぐる争いなのだと、「世俗的」な説明をつけることは可能だ。そして宗教は「大義名分」として利用された「イデオロギー」にすぎない、と。しかし、それが「大義名分」として、「イデオロギー」として機能するという事実、己の信じる「正義」のために自爆テロを試みる人びとや、「十字軍」を謳う合衆国大統領を熱狂的に支持した人びとが現実に存在する事実は、真面目に受け止める必要がある。「宗教があってもなくても、善いことをする善人はいるし、悪いことをする悪人もいるだろう。しかし、善人が悪事をなすには宗教が必要である」（ドーキンス 二〇〇七［2006］、三六三頁）。だが、となるとやはり、「宗教って怖い」のだろうか。本章では、この「怖さ」の背景にある倫理学的諸問題を取り上げたい。ただその前に、まず、日本人の宗教意識の特異性を確認しておこう。

†　日本人の宗教意識

しばしば日本人は「無宗教」であると言われるが、そこで言われている「無宗教」とは、特定の宗教を「信仰」しているわけではない、という意味でしかない（阿満 一九九六）。自覚的な「信者」はたしかに多くはない。だが一方で、正月には数千万人が初詣に行き、彼岸には多くの人が墓参りをし、盆には民族大移動さながらの帰省が行なわれ、クリスマスは「聖なる夜」として恋人たちの特別な日となっている。それ以外にも、家内安全や商売繁盛や合格の祈願、家を建てる際の地鎮祭も広く行なわれており、さらには最近ではいわゆる「スピリチュアル」なものが市民権を得ている。これらは超越的なもの（この世ならぬもの）との交流を含むのだから、明らかに「宗教的」なものであるが、多くの場合、それに参加している人たちは、自分たちが「宗教行為」を行なっているという自覚がない。

だが、当人の自覚の有無は行為の意味とはあまり関係がないのであって、季節ごとに行なわれる年中行事や、誕生・結婚・出産・死などの際に行なわれる人生儀礼（通過儀礼）等を宗教に含めるならば、当人たちの自覚とは正反対に、日本人はきわめて宗教的な国民なのだ。

イスラームの人びと（ムスリム／ムスリマ）[1]の巡礼の映像を見たことがある人は多いだろう。メッカのカーバ神殿を中心に、白い服を着た無数のムスリム／ムスリマたちが渦のように回っているものである。巡礼月には毎年二百万人以上のムスリム／ムスリマたちがメッカに集まると言われる。日本ではその映像を見ると「気味が悪い」「狂信的で怖い」と思う人が多いようだ。だがしかし、考えてみてほしい。正月三が日の明治神宮の参拝者数は、三百万人を超えているのである。カーバ神殿が「気味が悪」くて「怖い」のなら、明治神宮はもっと「気味が悪い」し「怖い」と考えてもおかしくないはずである。それればかりか、同じ三日間に二百万人規模の参拝者数を誇る「宗教施設」が、日本に十は存在するのだ。こうした事実に対する日本人の反応はおしなべて、初詣に行くとしても「べつに信仰しているわけではない」し、「単なるイベント的なもの」であって、怪しげな「宗教」とは関係がない、というもののようだ。

†「宗教問題」とは

以上のような日本人の「宗教嫌い」からみえてくるのは、「宗教」という言葉を客観的記述の用語として使っているのではなく、「他者」を名指す記号として使っているということである。それは客観的意見を装った価値判断、もっと言えば、他者排除だ。逆のパターンもある。「テロ」を起こすようなオウム真理教などの「カルト」教団や「原理主義」集団[2]を、「本当の宗教」ではないとして、「宗教」を守るような発想もみられるが、それも間違っている。このような「宗教」概念の内容操作は、自己正当化（およびそれに伴う他者排除）でしかなく、問題の本質を隠蔽してしまっている。

現今の世界情勢を理解するために、「宗教」というキーワードは欠かせない。いや、欠かせないどころか、最重要問題であると言ってよいだろう。多くの日本人は「宗教」をめぐる問題を対岸の火事だと素朴に思いがちであるが、今見たように、それは大きな間違いである。「宗教問題」は人々が思っている以上に、身近なのだ。ではしかし、そもそも何が問題なのだろうか。

宗教は人びとの世界観や価値観を総体的に規定する。つまり、何が「真理」であり何が「善」であるのかを決めている。それゆえ、宗教が異なることは、世界観や価値観が根本的に異なるということなのだ。オウム真理教事件などの宗教が絡んだ問題で、人びとが最も「怖さ」を感じるのは、「理解できない」という点であろう。あまりにも世界観や価値観が違いすぎるのである。こうした世界観や価値観の違いは、さまざまな対立の火種になりやすい。なぜなら、「真理」や「善」には普遍的な妥当性を要求する性格があるからだ（井上 一九九九）。私（たち）が「真理」や「善」を有しているならば、それを有していない彼／彼女（たち）は「偽」であり「悪」であることになってしまう。それが、彼／彼女（たち）の「間違い」を「正す」ことや、場合によっては「悪」を「成敗」することを、正当化する根拠を与えるのだ。だが、そのような正当化は許されるものではない。

つまり、ここで言う「宗教問題」の核心は、私たちとは驚くほど異なった世界観や価値観をもった人たちが現実に存在するが、私たちはその人たちとも共に生きざるをえないことである。自分とは異なる「宗教」に属する人たちは、まさしく「他者」であり、倫理学の限界事例を形作る。「宗教問題」とは、そのような「他者」といかに「共に生きる」ことができるのか、という問題なのだ(3)。現代社会においては、気安い「私たち」だけに閉じて生きることはできないし、そんなことは許されない。私たちは「他者」と共に生きざるをえないのである。以下では、この問題の解決策を探って行くことにしたい。

二　リベラリズム

† 政教分離

まず、近代国家の「公式見解」とでも言うべき、宗教問題のリベラリズム的解決を確認しておこう。それは「政教分離」という制度に表現されている。

少しでも歴史を学んだ人なら知っているように、宗教問題というものは現代に始まったことではなく、遥か昔から存在していた。とりわけ宗教改革以降の西欧の血塗られた歴史は有名であるが、その凄惨な「宗教戦争」の遺産が、寛容の精神であり、その制度的表現が「政教分離」である。それは現在、宗教問題の解決策として、広く行なわれているものだ。種々議論があるものの、政教分離とは、簡単にまとめると以下のようなものである（小原 二〇〇一など参照）。

「政教分離」は英語では「Separation of Church and State」であって、「政教分離」の「政」は「政治（politics）」ではなく「国家（state）」（または「政府（government）」）、「教」は「宗教（religion）」ではなく「教団（church）」のことである。それゆえ、「政教分離」とは、特定の教団が国家権力（地方自治体等も含む）と結びついて人びとを支配することを禁止するものである。「政教分離」の目的は「信教の自由」なのである。「信教の自由」が何よりも守るべきものであって、「政教分離」はその手段にすぎない。つまり、個々人がどのような信仰でももつことができるために、政府と特定教団との結びつきを断つことである。具体的には、政府が公教育の教科書に特定教団の宗教教説を書き込むことで人びとをその教団へと教化するのを防いだり、特定教団に優遇措置をとる（たとえば税金から補助金を出す）ことによってその教団の宗教を信じていない人の信教の自由を侵犯するのを禁止したりすることである。このように、個々人の信教の自由を制度的に保障するのが「政教分離」である。

ここで宗教は一種の「価値観」のようなものとして考えられている。いかなる価値観に従って生きるか、いかなる「善」を追求することに人生の意味を見出すかということは、個々人が自由に決めるべきことであって、他人がとやかく言うことではない。ましてや、ある特定の価値観をもつことや、ある特定の生き方をすべきだと、公権力が個々人に強制することは、絶対に許されない。

このように個々人の「自由（liberty）」の保障を重視する考え方を、「リベラリズム（liberalism）」と言うが、その基本的な考え方は、あらゆる人が平等に自由であるということである。政教分離とは、リベラリズムの制度的な一表現であり、信教の自由をあらゆる人に平等に確保するためのものなのである。

†〈善に対する正の優位〉と公私の区別

リベラリズムの原理は「善に対する正の優位」(ロールズ 二〇一〇 [1999]、第六節) と表現される。「善」とは人びとが生きる上で抱く諸々の目的のことであり、「正」とは諸々の権利が特定の人びとに偏ったりすることなく正当に配分されることである。したがって、「善に対する正の優位」とは、先に述べた「平等な自由」の実質的内容である。

こうしたリベラリズムの原理(そしてそれに支えられる政教分離)は、個々人における「公私の区別」を要請する。つまり、一方では、「私的」領域において各人はもっぱら自らが思う「善」を追求することができるが、他方で、「公的」領域では自分と同等に自由である他者への配慮が必要なのである。公的領域(公共圏や公共性と呼ばれる)では、さまざまな価値観をもった人びとが出会い、お互いを尊重し合いながら、協働することが求められる。価値多元社会を可能ならしめるために、「公私の区別」が必要とされるわけである。あらゆる人が平等に私的な自由に対する「権利」をもっていることから、あらゆる人に他者の自由を尊重する公的な「義務」が発生するわけだ。

信教の自由も、「平等な自由」として守られるべきものである。それゆえ、あらゆる人に信教に関する「私的」な自由の権利が存在するのと同時に、他者にも自分と同等な「信教の自由」を認めて尊重する「公的」な義務が存在する。ただ、注意しなくてはならないのは、「信教の自由」には、「布教の自由」も含まれることだ。しばしば、道端で声をかけられたり自宅に訪問されたりして「布教」された人が、「信教の自由」を侵されたと口にする人がいるが、それは間違っている。ここで言う「自由」は相互不干渉という意味ではなく、自立／自律した個々人の対等な交流関係なのだ。それゆえ、「布教の自由」と共に、「批判の自由」もあり、そのための「言論の自由」が保証されているわけである。そうしたなかで、自らが信仰する宗教を自由に選択できること、これが信教の自由なのである。

ただし、医療の場合などと同様、一種の「インフォームド・コンセント」は前提である。つまり、必要な情報がすべて与えられた上で、正常な判断のできる状態（不当な圧力等のない状態）での同意／不同意のみが、正当性をもつ。外部からの情報を遮断した上でいたずらに恐怖を煽るような宣教や、社会的な上下関係を利用した布教、大学等における偽装サークルを使った勧誘などは、許されるものではない。それと同様に、公権力による特定教団への帰属の強制は、絶対に阻止されるべきものであり、政教分離はその制度的保障なのである。

三　宗教的「真理」をめぐって

† リベラリズムの限界？

リベラリズムは宗教問題の大部分に対処できる優れた考え方である。このことはいくら強調しても し過ぎることはない。ほとんどの宗教問題はこれで解決し得るし、（とりわけ日本の現状においては）これで解決すべきである。だがそれでも、さまざまな問題が生じていることもまた事実だ。本節以降では、そうした問題についてどう取り組むべきかを考えてみたい。

宗教問題がリベラリズムの枠組みのなかで解決が図られる場合、公権力の宗教的中立のために、宗教の力が及ぶ範囲が限定されている。そこにおいては、①宗教は価値観の一つと考えられており、②宗教はもっぱら「私的」なものとして扱われる。だが、こうした「封じ込め」には問題がある。①に関しては、宗教は善（価値観）だけでなく、真理（事実）についての主張も含むのではないか。②に関しては、宗教は私的なものに限られないし、ましてや個人的なものではないのではないか。以下、本節では前者を扱い、次節で後者を扱うことにしよう。

† 宗教における「真理」問題

宗教が真理の主張も含むとはどういうことかというと、宗教が異なれば、「事実認識」が異なるということである。実践的三段論法で言うところの「小前提」が異なるのだ。たとえば、「人びとが危険にさらされていたら助けるべきである」という倫理的命題（大前提）はほとんどの人が同意すると思われるが、それに「この世は火事の家のような危険な場所である」（仏教用語でこのことを「火宅」と言う）という事実命題（小前提）が加わると、「人びとをこの世から助けるべきである」という結論が出てくることになる。「真面目」であればあるほど、「倫理的」であればあるほど、どんな手段に訴えてでも（仏教用語でそうした手段を「方便」と言う）、「人びとをこの世から助ける」ことが追求されるだろう。宗教問題をめぐる人びとの困惑、つまり信じがたいほどの凶悪事件を起こした人びとが往々にして「善人」であるという驚くべき事態は、ここから帰結する。

「終末論」を例にとると分かりやすいかもしれない。終末論とは、間もなく世界に「終末」が訪れ、後には特定の「選ばれた」者しか残らない、という考えである。もし、あなたが、何らかの形で、「間もなく世界が終わるが、助かる道が一つだけある」という「事実」を知ったとしよう。あなた以外の誰もそれを知らない。家族も、恋人も、友だちも、知らない。あなたなら、どうする？　私なら、どんな手段を用いてでも、周りの人にそれを知らせ、「助け」ようとするだろう。それは、「間違った」ことではないはずだ。しかしこの場合、「助ける」とはどういうことを言うのだろう。平和な日常を送っている人びとを脅して（目覚めさせて）、不合理な生活（清浄な出家生活）へと縛りつける（解放する）ことなのか。(4)

このように、何らかの宗教を「信仰」するとは、その宗教の教義を真として受け容れることであると考えられている。言い換えると、一連の命題群を「真理」として、世界に関する「正しい」認識として受け容れることである。それゆえ、別の形での世界の記述、科学的諸命題などと、「真偽」が争われることが可能になる。人は猿から進化したのか、それとも神が自分に似せて創造したのか、釈迦は生まれてすぐに歩いたのか、それともそんなことは医学的にありえないのか、イエスは死んだ三日後に生き返ったのか、それとも…、等々。

†二つの「真理」概念

だがそもそも、右のような宗教上の「真偽」論争において、争われているのは本当に「真偽」なのだろうか。先に挙げた「火宅」「終末」「創造」「復活」といった宗教的な真理主張は、真偽の判定がそもそもできないものではないだろうか。この論争に「解決」はありえないのではないか。

科学的真理においては、基本的に真偽は二者択一で決まらなくてはならない。そして真偽が二者択一で決まるためには、万人が認めるような何らかの証拠によって真偽が検証されなければならない。逆に言うと、何らかの証拠によって「反証」される可能性をもつ必要がある（そうでなければ、そもそも「検証」が意味をなさない）。科学的真理が厳密な意味では（絶対不変的なものとしての）「真理」ではなく「仮説」でしかないことは、前提として認められているのだ。その意味で、自らが間違い得ること、反証があれば仮説を撤回する用意があることが、科学の科学たる所以なのである。こうした反証主義的態度が、科学とそれ以外の真理主張を分ける。(5) つまり真偽が二者択一で決まる領域とそうでない領域が存在し、科学的真理は前者の領域に属し、宗教的真理は後者の事柄なのである。

宗教上の真理は反証可能性をもたない。世界は火宅なのか、終末は訪れるのか、神が世界を創造したのか、そもそも神は存在するのか、イエスは復活したのか、死後の世界があるのか、人は生まれ変わるのか、といった問題については、万人が認める何らかの証拠によって反証することが原理的にできないため、真偽を決定できないのである。それゆえ、ここで争われているのは「事実」ではなく、「信仰」の問題であると言うべきなのだ。

もちろん科学の側も、宗教上の事柄については真偽の主張をできないことを忘れてはならない。神が存在するとも存在しないとも、科学的には主張できないのだ。「人は死んだら無になる」ことが科学的主張だと思い込んでいる人が時々いるが、その主張は反証不可能なのであって、真偽が決定できるものではない。それゆえ、それは科学的主張ではなく、宗教的主張である。宗教上の事柄について、肯定的であろうと否定的であろうと、何らかの判断を下すならば、それは宗教的な主張なのだ。

宗教上の事柄については真偽が決定できないというのは、当たり前だが、真理ではないと言っているわけではない。科学的真理と宗教的真理、二つの「真理」概念が存在するのである。万人にとっての真偽が決定できるものを科学的「真理」と呼び、宗教的「真理」はそれとは別種の真理基準を有しているのであって、それはその真理基準にコミットしている（信仰している）人にとってのみ、有効となるような真理なのである。

† 不可知論

こうした考え方は、宗教的真理に関する「不可知論」と言うことができるだろう。万人にとっての真偽が決定できるような「知」のステータスを、宗教的真理はもってはいないということだ。そのため、宗教的真理の主張には、固有の謙虚さが必要となるはずである。というのも、その真理主張は、科学のような普遍妥当性を有しているとは言えないからである。

たとえば、聖書によれば、アブラハムは「神の命令」の下、息子イサクを生贄にするため殺そうとしたわけだが（旧約聖書『創世記』二十二章一－十九節）、現在でも、「神の命令」を聞いたという人が問題を引き起こすことはあり得るだろう。だが、その人は、本当に神の命令が聞こえたのだろうか。神は存在するかもしれない。命令を下すこともあるかもしれない。しかし、本当にその人が耳にしたのが、「神の命令」だったのだろうか。「というのも、もしほんとうに神が人間に語りかけたとしても、自分に語りかけているのは神であると知ることは人間には決してできないからである」（カント 二〇〇二 [1914]、八八頁）。それゆえ、そのような不確かな認識をもとに、重大な決断を下す（たとえば息子を生贄に捧げる）のは、あまりに危険すぎる。もちろん、そんなことはすべて承知の上で、それでも重大な一歩を踏み出したことが、「信仰の父」アブラハムの（常人の理解を絶した）「偉大さ」ということになるのかもしれないが（キルケゴール 一九六二 [1921]）、私たちは残念ながらアブラハムではないのであって、その一歩を踏み出すべきではないのではないだろうか。

ここでのポイントは、神や終末の「存在」を争うのではなく、その「認識」を問題にしている点である。それは私たちには「知る」ことのできない事柄なのだ。したがって、神の存在や死後の世界、あるいは終末の到来などについて、私たちが何らかの態度をとるならば（そういったものを一切否定する場合であっても）、それによって何らかの「宗教的真理」にコミットしていることになる。しかしその「真理」は、事柄の性質上、普遍妥当性をもたない。それゆえ、他の宗教的真理を独断的に「誤謬」として斥けてはならないのだ。(6)

以上によって、宗教上の真偽論争は、（「解決」ではないかもしれないが）「解消」されたことにはなるだろう。宗教上の「真理」主張は、真偽が決定できる類のものではないため、固有の謙虚さをもたねばならないのである。

四　宗教と共同体

† 善と共同性

宗教問題のリベラリズム的解決における二つ目の問題として、宗教が価値観（善）の事柄であると認めるとしても、そもそも善は私的なものには留まらないし、ましてや個人的なものではないのではないかというものがある(7)。

リベラリズムは個人を基本単位として考えられている。先に「自由」に関して論じたように、自由という個々人の権利が最も基本となり、そこから、人びとが「平等に自由」であることを可能にするために、義務が導き出されるわけである。共同体などが課す義務は、個々人の権利が制限されるなら、正当化されえないものとなる。

しかし、いかなる人生が「よい」人生であるのかを、私たちは個人的に決めているわけではない。周りの人たちやさまざまなメディアを通じて、私たちは「よい」人生について学び、模倣し、それを目指して生きる。価値観にはそうした共同性が刻印されているのだ（テイラー 一九九四［1985］、二〇〇四［1991］、サンデル 二〇〇九［1998］）。そしてその共同性の度合いによって、個々の善にはランク付けがなされているのである。簡単に言うと、皆が認める「よい生き方」と個人的な「趣味」とでは、前者の方が価値は高いことになるだろう。しかし、リベラリズムは善を私的なものへと閉じ込めて、個人の自由選択へと委ねることで、善のランク付けを無くし、あらゆる善を等価なものとして扱おうとするのだ。たとえば、宗教上の安息日を守って仕事や学校を休むことと、サッカーの試合を観に行くために休むことが同列に置かれるのである（サンデル 二〇〇九［1998］、viii頁）。

宗教において、共同性はとても重要だ。間違えてはいけないのは、宗教が「本質的」に個人的なものだからリベラリズムが支持を得ているのではなく、歴史的経緯からしても事柄からしても、リベラリズムによって宗教が私的な領域へと「封じ込め」られているにすぎないという点である。宗教は個人の選択に委ねられる「信仰」を中心に考えるよりも、「文化」や「教団」といった共同性を中心に考える方が適切だと思われる点が多々ある。「文化」には年中行事や人生儀礼（通過儀礼）、それに服装や食事のタブーといった生活規範なども含まれ、民族的な共同体によって担われる。初詣などはこの意味での「文化」としての宗教だ。また、濃密な人間関係で構成される「教団」という共同体は、宗教の一般的な活動形態である。多くの人の「宗教経験」とは、宗教ということで想像されがちな神秘的な体験よりもむしろ、冠婚葬祭に代表されるような、強固な絆で結ばれた（＝しがらみでがんじがらめの）人間関係であるはずだ。

こうした点で、リベラリズムの立場から宗教（教団）はしばしば「全体主義」的だと批判されている。それは、単一の価値観の下に信者たちを強権的に従属させているのではないか、という意味だ。

宗教が善についての教説を含むかぎり、その意味での「全体主義」的側面があることを否定するのは困難である。というのも、ある特定の生き方（たとえばイエスの生涯）や特定の価値観（たとえば山上の垂訓）が、特権的で模倣すべきものとして信者たちに示され、信者たちはそれを達成すべく努力するのであって、明確にランク付けられた善の秩序を生きることこそが、宗教の核心部分をなすからである。むしろ、まさにその「全体主義」的な面にこそ惹きつけられる人がいることに注意すべきなのだ。そこに魅力を感じる人びとは、個人的な善の追求ではなく、共通善の追求に「生きがい」を見つけており、自らの人生が「先達」や「大いなる存在」、そして「同朋」たちによって承認されていることに、大きな意味を見出しているのである。

† スカーフ論争

一つの事例を考えてみよう。一九八九年、フランス・パリ郊外の公立学校で三人のムスリマの生徒がスカーフを被って登校しようとしたが、校長が認めず、スカーフを取るよう命令した。生徒たちはそれを拒否したので、校長は彼女たちが授業を受けることを認めなかった。その後、フランスの教育現場では混乱が続いたが、紆余曲折の後、二〇〇四年に「宗教シンボル禁止法」が成立。この問題をめぐってヨーロッパを中心に大規模な論争（通称「スカーフ論争」）が起こっている（内藤・阪口 二〇〇七、ゴーシェ 二〇一〇［1998］、レモン 二〇一〇［2005］）。

イスラームでは女性の頭髪は性的部位と考えられており、人前では隠すことになっている。一方、フランスは、世界で最も厳しい政教分離政策（ライシテ）を行なっている国であり、公的機関であからさまな宗教シンボルを着用することが禁じられている。誰もが入れる／入らざるをえない場所で宗教シンボルをこれ見よがしに掲げることは、言わば公権力を利用した強制的な「布教」とみなされるからだ。ムスリマのスカーフはそうした「宗教シンボル」と考えられている。しかしそれが、イスラーム系移民にとって、主流派文化の押しつけと受け止められているのである。

宗教が個人的なものだとすると、ムスリマであることを理由にスカーフを被るように強制されているのならば、それは宗教による個人の自由の侵害となり得る。だが一方で、宗教が文化共同体の問題ならば、イスラームにおける規範（たとえば「女性らしさ」）の一部として頭髪を隠すことが含まれていることになり、それを共同体の外部の人間が否定することは、価値観の押しつけとなってしまう。ムスリマに向かって「スカーフを取れ」と言うのは、「スカートを脱げ」というのと等しいとも言われている。個人の自由が優先されるべきなのか、共同体の共通善が優先されるべきなのか。

この問題を考える上で見逃せないのは、ライシテにおいては文化的・教団的な共同性を脱色した「人間」として公的空間に現われることが「強制」されるわけだが、それによって実際に起こっているのは、主流派文化の覇権だという点である。服装に関する規範は、マジョリティが属する伝統によって作られてきたものではないのか。リベラリズムによって現実に起こっているのは、諸々の等価な善から個々人が自由に選択しているのではなく、価値観が公的領域から追い出されていることによって、私的領域における価値観の弱肉強食が野放しになり、マイノリティを排除しているという事態なのである。そのため、マイノリティが生き残る道は、主流派に「同化」することだけになってしまっているのではないか。

†多文化主義

それに対し、共同体に基づいたマイノリティの生き方や価値観を積極的に保護する考え方として、「多文化主義」というものが近年注目されている（ガットマン 一九九六［1994］）。それはマイノリティを共同体レベルで積極的に保護しようとする考え方だ。

たとえば、アメリカにはアーミッシュという独特な宗教集団がおり、数百年前の生活を現代においてもそのまま続けている（森孝一 一九九六、一二三頁以下）。電気もガスも車も使わない。そのアーミッシュが、共同体としてのアイデンティティを守るために子どもの義務教育を拒否したことで、州と裁判になったことがある。多くの論議を巻き起こしたが、連邦最高裁は最終的にアーミッシュを支持した。多文化主義の典型的事例とされている。

しかし、多文化主義にはさまざまな問題がある。たしかに、リベラリズムにおいてはマイノリティの共同体レベルでの承認がうまくいっていないという批判としては有効だろう。けれども、それが共同体を固定化してしまうことにつながると、個々人の権利が侵害されるようなことになりかねない。共同体からの離脱を困難にするような施策によって個々人の選択の自由を極端に制限することなどは、行き過ぎた保護と言わざるをえないだろう（ガットマン 一九九六［1994］、一八二頁以下）。アーミッシュの場合も、子どもたちが自らの人生を自由に選択する権利を奪っていることになるのではないだろうか。また、共同体を固定化し人の出入りを制限するようなことをするならば、マイノリティ内マイノリティの差別・抑圧に多文化主義がコミットしてしまう可能性を排除できなくなってしまう（井上二〇〇三、第五章）。さらには、特殊な価値観がそもそも「マイノリティ」としてでも認められるに至るまでですら、長い時間がかかることは予想がつく。新しい宗教教団の生活様式が、一つの「文化」として承認されるまでは長い道のりが待っているだろう。

†「なぜ」を封印しないこと

ならば、やはりリベラリズムで行くしかないのだろうか。半分はその通りだ。リベラリズムが重視する個々人の権利が侵害されることを、私たちは認めるわけにはいかないだろう。問題は二つあった。一つは、善をすべて等価にすることは適切ではないのではないか、というものであり、もう一つは、現実として善は等価にはならず、リベラリズムが主流派の覇権に手を貸してしまうのではないか、というものである。そうした問題に対し、多文化主義は善の共同性を確保するなかである程度応えられるが、それが行き過ぎると、閉ざされた共同体を是とするような分離主義になってしまい、他者との共生の可能性を手離すことになる。

最終的には、善のランク付けは公共の議論に委ねるしかないだろう。日本では特に、宗教が絡むと聞く耳をもたなくなる人が続出するが、それはマジョリティの暴力を増幅させるだけである。マイノリティへの配慮という意味で、少なくとも緩やかな多文化主義は必要である。つまり、全体的な合意形成を積極的に推進する必要はないのだ。共同体ごとに善に関する別々のランク付けがあって良い。ただし問題が発生したときは、お互いが謙虚に議論することができるようにしなければならない。重要なのは、「なぜ」を封印しないこと、問われたら自らの妥当要求を吟味し直す用意があること、これである。「なぜ」と問われたら、相手にも理解できる語彙で、自らの価値観を説明すること。それも、すべてを理解可能なものにする必要はない。問題が生じたときに、相手が正当化を求めてきたときに、「なぜ」と問われたときに、そのときにだけ、その問題に関してだけ、説明責任を果たせば、それで事足りるはずだ。「共生」は、完全に分かりあうことを必要とはしない。せめて「恐怖」を感じなくて済む程度に、互いの正当性について吟味できるようにしておけば、それで共に生きることはできるはずなのである。

五　共生に向けて

†宗教問題の「解決」

以上、宗教問題への対処を種々論じてきたが、最後にもう一度振り返っておこう。

宗教問題とは、私たちとはまったく異なった世界観や価値観をもった他者たちといかに共に生きるか、というものであった。その問題に対して現代において最も広く行なわれている解決策は、リベラリズムであった。それは、宗教を私的なものへと限定し、公権力が中立を保つことで、宗教に関する「平等な自由」を人びとに保証する。

こうしたリベラリズム的解決に関して、問題が二つあった。一つは、宗教が真理主張も含み、普遍妥当性を強く要求する場合、リベラリズムでは対処が難しいというものである。それに関しては、宗教的真理は反証可能性をもった科学的真理とは異なるのであって、前者は後者と同じような普遍妥当性を有していないことが示された。それゆえ、宗教的真理主張には固有の謙虚さが要求されるのである。

もう一つの問題は、リベラリズムは、個人を基本単位とすることで、共同体に基づく価値観がうまく扱えていないのではないかというものである。とりわけ、そうした価値観を私的なものへと放っておくことで、リベラリズムがマジョリティの覇権に加担してしまうことが問題視されていた。それに対しては、多文化主義の試みも検討されたが、善のランク付けを公共の議論に委ねる方策がベターであると示された。ただしそれは、最終的な解決を求めるのではなく、問題が起きた際に、お互いが「他者」にも理解可能な形で自らの価値観を説明する責任を負う、という消極的なものであった。

†「解決」ではない解決策

これでは宗教問題はまだ解決できていないのではないか、という反論があり得るかもしれない。それに対しては、「最終解決」はありえないことを認めることが、一つの解決策なのだ、と答えるべきだろう。あらゆる摩擦が無くなった状態、相互理解のユートピアを求めることは、一つの真理基準や価値観によって他を包含しようという目論見《もくろみ》にほかならず、むしろそうした発想こそが、宗教問題の火に油を注いできたのだということを、肝に銘じておく必要がある。私たちは謙虚にならなくてはならない。私たちが採用している真理基準は、宗教問題に関して、唯一でも絶対でもありえない。私たちがそれに従って生きている価値観は、必要とあらば他者に理解可能な形で説明することができなくてはならない。

まずは、他者を異星人のように考えないようにしよう。他宗教の信者が同じ人間であることを、多くの人は忘れがちのようだ。(8) 宗教の「怖さ」は、往々にして「理解不能」である点に存するのではないかと先に述べたが、理解可能性を最初から閉じてしまうような態度を、まずは改めるようにしよう。そのような態度の背景には、自らの「正しさ」への安住があると思われるが、その「正しさ」は自明ではない。相手に「なぜ」と問いかけること、自分も問いかけられたら誠実に答えること。それが初めの一歩なのである。

だがしかし、そのような問いかけに応じない人たちに対しては、どうすべきなのだろうか。もちろん、応じるように問いかけ方を工夫する努力は必要だが、それでも応じようとしない人たちは存在するだろう。公共の議論の場に乗ろうとしない人たちは、「平等な自由」が保護される対象から外さざるをえない、というのがとりあえずの結論だが（ロールズ 二〇一〇［1999］、第三十五節）、同時に、よりよい解決策の追求も止めてはならない。

† 宗教は「怖い」のか

宗教は怖いかどうかについて、最後にひとこと述べておこう。宗教はその本質からして「怖い」もの、というわけではない。当たり前だが、「怖く」ない宗教はいくらでもあるし、ほとんどの人は何らかの宗教的伝統のなかで生きているはずなのだから、それが「怖い」はずがないだろう。

宗教の「怖さ」というのは、結局は「他者」に対する恐怖なのである。しかし、「他者」を初めから「怖い」存在とみなしている限り、共生はありえない。本章では、どうしたらそうした他者たちと共に生きることが可能なのかを、論じてきた。もちろん、だからと言って、宗教は「怖くない」と言い切れるわけでもない。残念ながら、「怖い」宗教が存在することは否定できない。そのような「怖さ」とどのように付き合っていくかは、これからも課題であり続けるだろう。

(1)「イスラーム」という言葉のもともとの意味は「帰依する」ことで、信徒は「ムスリム(帰依する者)」と呼ばれる(女性形は「ムスリマ」)。最近では原音に近い形で、「イスラム」ではなく「イスラーム」、開祖は「マホメット」ではなく「ムハンマド」、聖典は「コーラン」ではなく「クルアーン」と表記されるようになっている(小杉 一九九四)。

(2)「カルト」は社会問題とみなされた新興宗教を指すが、強い価値判断(非難)を含んだ語であるため、用いる際には注意が必要である。「原理主義」は、世俗主義的近代化への復古主義的攻撃(必ずしも暴力的なものとは限らない)を特徴とする宗教教義を指す。

(3) この問題が顕在化したときには、しばしば「洗脳」や「マインドコントロール」という言葉によって「他者」を「理解」することがなされるが、それは往々にして正常／異常を(自らを「正常」とみなしている側が)暴力的に分けているだけであって、共生への道を塞ぐものでしかない。

(4) あのオウム真理教には、悪にまみれた世界で生きている人びとを「助ける」ために、つまり悪い「業(カルマ)」がたまるのを止めるために、相手を殺す(「ポア」する)という教義が存在したという(リフトン 二〇〇〇)。これは極端な例ではあるが、宗教的「真理」をめぐって、お互いが「目を覚ませ」と言い合うことは、決して珍しいことではない。それほど深刻な「真理」の断絶があるのだ。

(5) もちろん、科学とそうでないものとの「線引き問題」はそんな単純なものでないが、詳しくは、伊勢田(二〇〇三)参照。なお、「あとがき」によると、同書はオウム真理教事件に対する科学哲学者としての「答え」であるという(同、二七七頁以下)。

(6) このような、不可知論に基づいた宗教問題の解決については、レッシングの戯曲『賢人ナータン』(レッシング 一九五八[1911])を、是非読んでほしい。

(7) これは一九八〇年代に北米で争われたいわゆる「リベラル・コミュニタリアン論争」の焦点の一つであった(井上 一九九九、スウィフト／ムルホール 二〇〇七[1992]など、参照)。

(8) オウム真理教を題材にした森達也のドキュメンタリー『A』(一九九八年)、『A2』(二〇〇一年)は、この問題を考えるために格好の材料を提供してくれる(森達也 二〇〇二、二〇一〇も参照)。

参考文献一覧

▩第1章　どこから「差別」になるの？

愛敬浩二　二〇〇七「リベラリズムとポジティブ・アクション」田村哲樹・金井篤子編『ポジティブ・アクションの可能性』ナカニシヤ出版、四一－六三頁。

赤松良子監修、国際女性の地位協会編　二〇〇五『新版　女性の権利――ハンドブック　女性差別撤廃条約』岩波ジュニア新書。

飯野由里子　二〇一一「ディスアビリティ経験と公／私の区分」松井彰彦他編著『障害を問い直す』東洋経済新報社、二五九－二八七頁。

風間孝　二〇〇九「同性愛への「寛容」を巡って――新たな抑圧のかたち」好井裕明編『排除と差別の社会学』有斐閣、一〇三－一一七頁。

杉野昭博　二〇〇二「インペアメントを語る契機――イギリス障害学理論の展開」石川准・倉本智明編著『障害学の主張』明石書店、二五一－二八〇頁。

杉野昭博　二〇〇七『障害学――理論形成と射程』東京大学出版会。

杉原努　二〇一〇「障害者権利条約における合理的配慮の経緯――「労働および雇用」の視点」『佛教大学社会福祉学部論集』第六号、六九－八六頁。

セン、アマルティア　一九九九［1992］『不平等の再検討』池本幸生・野上裕生・佐藤仁訳、岩波書店。

辻村みよ子 二〇〇七「政治・行政とポジティブ・アクション」田村哲樹・金井篤子編『ポジティブ・アクションの可能性』ナカニシヤ出版、一〇九－一四七頁。
辻村みよ子 二〇一一『ポジティヴ・アクション』岩波新書。
戸塚辰永 二〇〇八「ゼロから始めることの難しさ――視覚障害学生として」『障害学研究3』明石書店、二二四－二三二頁。
長瀬修 二〇〇八「障害者の権利条約と日本の障害差別禁止法制の課題」『障害学研究4』明石書店、六三－八一頁。
新名隆志 二〇〇五「迷子になったフェミニズム――フェミニズムはどんな公正さを求めているのか」篠原駿一郎・浅田淳一編『男と女の倫理学――よく生きるための共生学入門』ナカニシヤ出版、二二六－二四二頁。
新名隆志 二〇一一「差別のいろいろ」波多江忠彦他著『改訂版　いのちを学ぶ――倫理として、福祉として、論理として』木星舎、一五八－一七五頁。
森戸英幸・水町勇一郎編著 二〇〇八『差別禁止法の新展開――ダイヴァーシティの実現を目指して』日本評論社。
好井裕明 二〇〇二「障害者を嫌がり、嫌い、恐れるということ」石川准・倉本智明編著『障害学の主張』明石書店、八九－一一七頁。
山口意友 二〇〇二『正義を疑え！』ちくま新書。

■第2章　事実を知ればすべきことが分かる？

ウィトゲンシュタイン　一九七五［1961］『論理哲学論考』〈ウィトゲンシュタイン全集1〉奥雅博訳、大修館書店。
ウィトゲンシュタイン　一九七六［1965］『倫理学講話』〈ウィトゲンシュタイン全集5〉杖下隆英訳、大修館書店。
加藤尚武　一九九七『現代倫理学入門』講談社学術文庫。
カント　一九七九［1788］『実践理性批判』波多野精一・宮本和吉・篠田英雄訳、岩波文庫。
菅豊彦　二〇〇四『道徳的実在論の擁護』勁草書房。
小松美彦　二〇〇四『脳死・臓器移植の本当の話』ＰＨＰ新書。
サール、Ｊ・Ｒ　一九八六［1969］『言語行為』坂本百大・土屋俊訳、勁草書房。
武下浩・又吉康俊　二〇一一『解説「脳死」』悠飛社。
田村圭一　二〇〇七「道徳の本性――メタ倫理学」坂井昭宏・柏葉武秀編『現代倫理学』ナカニシヤ出版、二六－五六頁。
新名隆志　二〇〇四「「倫理学」としての医療倫理学」丸山マサ美編『医療倫理学』中央法規、三三－四八頁。
新名隆志・林大悟・寺田篤史　二〇一〇「臓器移植法改正をめぐる議論の批判的考察」『生命倫理』通巻21号、一六五－一七三頁。
ノーマン、リチャード　二〇〇一［1998］『道徳の哲学者たち――倫理学入門』塚崎智・石崎嘉彦・樫則章監訳、ナカニシヤ出版。

パトナム、ヒラリー　二〇〇六〔2002〕『事実／価値二分法の崩壊』藤田晋吾・中村正利訳、法政大学出版局。

林大悟　二〇一二「「事実と価値」問題の再検討――サールの議論について」玉川大学学術研究所人文科学研究センター年報『Humanitas』第3号、六一－七二頁。

林大悟　二〇一三「「約束」は事実ではない――「事実と価値」をめぐるサールの主張の批判を通じて」『玉川大学学術研究所紀要』第18号。

ヴィーチ、ロバート・M　一九八八〔1978〕「死の定義――倫理学的・哲学的・政策的混乱」加藤尚武・飯田亘之編『バイオエシックスの基礎』東海大学出版会、二六〇－二七四頁。

ヒューム、デイヴィド　一九五二〔1740〕『人性論』（四）、大槻春彦訳、岩波文庫。

フランケナ、W・K　一九七五〔1973〕『倫理学』改訂版、杖下隆英訳、培風館。

ヘア、R・M　一九九四〔1981〕『道徳的に考えること――レベル・方法・要点』内井惣七・山内友三郎監訳、勁草書房。

細川亮一　二〇〇二『形而上学者ウィトゲンシュタイン――論理・独我論・倫理』筑摩書房。

マッキー、J・L　一九九〇〔1977〕『倫理学』加藤尚武監訳、哲書房。

Foot, P., "Moral Beliefs", *Proceedings of Aristotelian Society*, Vol. 59, 1958–9, pp. 83–104.

Hare, R.M., "The Promising Game", *Revue Internaionale de Philosophie*, No. 70, 1964, pp. 398–412.

■第3章　家族の問題に口出しすべきじゃない？

生井久美子　一九九九『人間らしい死を求めて』岩波書店。

上野千鶴子　二〇〇二『家族を容れるハコ　家族を超えるハコ』平凡社。
埋橋孝文　二〇〇三〈講座・福祉国家のゆくえ②〉『比較のなかの福祉国家』ミネルヴァ書房。
NHKスペシャル取材班&佐々木とくこ　二〇〇七『ひとり誰にも看取られず』阪急コミュニケーションズ。
小谷部育子　二〇〇四『コレクティブハウジングで暮らそう——成熟社会のライフスタイルと住まいの選択』丸善。
春日キスヨ　二〇一〇『変わる家族と介護』講談社現代新書。
加藤博史編　二〇一一『福祉とは何だろう』ミネルヴァ書房。
杉本貴代栄編　二〇〇〇『ジェンダーエシックスと社会福祉』ミネルヴァ書房。
高島昌二　二〇〇七『スウェーデンの社会福祉入門——スウェーデンの福祉と社会を理解するために』晃洋書房。
橘木俊詔　二〇一一『無縁社会の正体——血縁・地縁・社縁はいかに崩壊したか』PHP研究所。
ブルメー、ペール&ヨンソン、ピルッコ　二〇〇五［1994］『スウェーデンの高齢者福祉——過去・現在・未来』石原俊時訳、新評論。
松岡洋子　二〇〇五『デンマークの高齢者福祉と地域居住——最後まで住み切る住宅力、ケア力、地域力』新評論。
ルソー　一九六二［1959］『エミール』（上）、今野一雄訳、岩波文庫。
ルソー　一九五四［1915］『社会契約論』桑原武夫・前川貞次郎訳、岩波文庫。

第4章　悲しみをどう乗り越える？

アリストテレス　一九七一［1898］『ニコマコス倫理学』（上）、高田三郎訳、岩波文庫。
アリストテレス　一九七三［1898］『ニコマコス倫理学』（下）、高田三郎訳、岩波文庫。
岩崎武雄　一九七五『西洋哲学史　再訂版』有斐閣。
高木慶子　二〇一一『悲しんでいい――大災害とグリーフケア』NHK出版新書。
デーケン、アルフォンス・飯塚眞之編　一九九一『日本のホスピスと終末期医療』春秋社。
柏木哲夫　一九九五『死を学ぶ――最期の日々を輝いて』有斐閣。
柏木哲夫　一九九六『死にゆく患者の心に聴く――末期医療と人間理解』中山書店。
河合幹雄　二〇〇九『終身刑の死角』洋泉社。
高井康行他　二〇〇八『犯罪被害者保護法制解説［第2版］』三省堂。
日本ホスピス・在宅ケア研究会編　二〇〇〇『ホスピス入門』行路社。
ノディングズ、ネル　一九九七［1984］『ケアリング　倫理と道徳の教育――女性の観点から』立山善康他訳、晃洋書房。
野村雅一　一九九六『身ぶりとしぐさの人類学』中公新書。
波多江忠彦他著　二〇一一『改訂版　いのちを学ぶ――倫理として、福祉として、論理として』木星舎。
原田正治　二〇〇四『弟を殺した彼と、僕』ポプラ社。
ゼア、ハワード　二〇〇三［1995］『修復的司法とは何か』西村春夫他監訳、新泉社。
ゼア、ハワード編著　二〇〇六［2001］『犯罪被害の体験をこえて』西村春夫他監訳、人文社。
坂上香　一九九九『癒しと和解への旅』岩波書店。

広瀬寛子 二〇一一『悲嘆とグリーフケア』医学書院。
フランクル 二〇〇二［1977］『夜と霧 新版』池田佳代子訳、みすず書房。

第5章 私たちはなぜ働くのか？

今村仁司 一九九八『近代の労働観』岩波新書。
ヴェルナー、ゲッツ・W 二〇〇九［2007］『すべての人にベーシック・インカムを――基本的人権としての所得保障について』渡辺一男訳、現代書館。
内田樹 二〇一一『ひとりでは生きられないのも芸のうち』講談社文庫。
大庭健 二〇〇八a『いま、働くということ』ちくま新書。
大庭健 二〇〇八b「働くことの意味」『職業と仕事…働くって何？』専修大学出版局、一八－五九頁。
小沢修司 二〇〇二『福祉社会と社会保障改革――ベーシック・インカム構想の新地平』高菅出版。
社団法人日本能率協会編 二〇一〇『働くことの喜びとは何か――潜在能力の組織的発揮 働く人の喜びが生まれる経営』日本能率協会マネジメントセンター。
竹信三恵子 二〇一二「なぜ「働けない仕組み」を問わないのか――ベーシックインカムと日本の土壌の奇妙な接合」萱野稔人編『ベーシックインカムは究極の社会保障か 「競争」と「平等」のセーフティネット』堀之内出版。
杉村芳美 二〇〇九「人間にとって労働とは――「働くことは生きること」」橘木俊詔編『働くことの意味』ミネルヴァ書房、三〇－五六頁。
武川正吾 二〇〇八「21世紀社会政策の構想のために ベーシック・インカムという思考実験」『シティ

ズンシップとベーシック・インカムの可能性』法律文化社、一一－四二頁。
田村哲樹 二〇〇八「シティズンシップとベーシック・インカム」『シティズンシップとベーシック・インカムの可能性』法律文化社、八五－一一一頁。
橘木俊詔 二〇〇九「働くということ――偉人はどう考えたか」橘木俊詔編『働くことの意味』ミネルヴァ書房、三－二九頁。
橘木俊詔・高畑雄嗣 二〇一二『働くための社会制度』東京大学出版会。
立岩真也・齊藤拓 二〇一〇『ベーシックインカム――分配する最小国家の可能性』青土社。
野崎泰伸 二〇一一『生を肯定する倫理へ――障害学の視点から』白澤社。
パリース、P・ヴァン 二〇〇九［1995］『ベーシック・インカムの哲学――すべての人にリアルな自由を』新装版、後藤玲子・齊藤拓訳、勁草書房。
フィッツパトリック、トニー 二〇〇五［1999］『自由と保障――ベーシック・インカム論争』武川正吾・菊池英明訳、勁草書房。
細川亮一 一九九六「幸福の薬を飲みますか？」細川亮一編『幸福の薬を飲みますか？』ナカニシヤ出版、四－三一頁。
山森亮 二〇〇九『ベーシック・インカム入門――無条件給付の基本所得を考える』光文社新書。

第6章　民主主義でどこまでいける？

池田修 二〇〇九『解説裁判員法 第二版』弘文堂。
岩崎美紀子 一九九八『分権と連邦制』ぎょうせい。

徐龍達編　一九九五『共生社会への地方参政権』日本評論社。
杉原泰雄編　二〇〇三『資料現代地方自治――「充実した地方自治」を求めて』勁草書房。
全国知事会　二〇〇四『地方自治の保障のグランドデザイン――自治制度研究会報告書』。
高橋和之編　二〇〇七『新版世界憲法集』岩波文庫。
竹田昌弘　二〇〇八『知る、考える裁判員制度』岩波ブックレット。
トクヴィル　二〇〇五〔1992〕『アメリカのデモクラシー』第一巻（上・下）、松本礼二訳、岩波文庫。
長尾一紘　二〇〇〇『外国人の参政権』世界思想社。
長尾一紘　二〇一一『日本国憲法〔全訂第四版〕』世界思想社。
西尾幹二　二〇一〇「外国人参政権――オランダとドイツの惨状」『Will』二〇一〇年四月号、ワック。
西野喜一　二〇〇七『裁判員制度の正体』講談社現代新書。
ハンマー、トーマス　一九九九〔1990〕『永住市民（デニズン）と国民国家――定住外国人の政治参加』近藤敦監訳、明石書店。
ミル、J・S　一九九七〔1861〕『代議制統治論』水田洋訳、岩波文庫。
ルソー　一九五四〔1915〕『社会契約論』桑原武夫・前川貞次郎訳、岩波文庫。

第7章　正義の暴力なんてあるの？

イグナティエフ、マイケル　二〇〇六〔2001〕エイミー・ガットマン編『人権の政治学』添谷育志・金田耕一訳、風行社。

イグナティエフ、マイケル　二〇一一〔2004〕『許される悪はあるのか？――テロ時代の政治と倫理』添谷育志・金田耕一訳、風行社。
伊勢崎賢治 二〇〇四『武装解除――紛争屋が見た世界』講談社現代新書。
稲田恭明 二〇一〇「人権は何を要求し得る権利か――人権の規範的効果の再考」井上達夫編『人権論の再構築』〈講座 人権論の再定位5〉法律文化社、六五-八五頁。
井上達夫 二〇〇三『普遍の再生』岩波書店。
井上達夫 二〇一〇「人権はグローバルな正義たり得るか」井上達夫編『人権論の再構築』〈講座 人権論の再定位5〉法律文化社、二四三-二七〇頁。
ウェーバー、マックス 一九三六［1919］『職業としての政治』尾高邦雄訳、岩波文庫。
大沼保昭 一九九八『人権、国家、文明――普遍主義的人権観から文際的人権観へ』筑摩書房。
川西晶大 二〇〇七「「保護する責任」とは何か」『レファレンス』二〇〇七年三月号、国立国会図書館調査及び立法考査局、一三-二七頁。
権左武志 二〇〇六「二〇世紀における正戦論の展開を考える――カール・シュミットからハーバーマスまで」山内進編『「正しい戦争」という思想』勁草書房、一七五-二〇三頁。
齋藤純一 二〇一一「政治的権利としての人権」齋藤純一編『人権の実現』〈講座 人権論の再定位4〉法律文化社、三-二六頁。
シュミット、カール 一九七〇［1932］『政治的なものの概念』田中浩・原田武雄訳、未來社。
高木八尺・末延三次・宮沢俊義編 一九五七『人権宣言集』岩波文庫。
瀧川裕英 二〇一〇「人権は誰に対する権利か――人権保障責任主体の問題」井上達夫編『人権論の再構築』〈講座 人権論の再定位5〉法律文化社、四六-六四頁。

内藤淳 二〇一〇「人間本性論を回避して人権を語り得るか――進化心理学的人権論の可能性」井上達夫編『人権論の再構築』〈講座 人権論の再定位5〉法律文化社、一三五－一五七頁。
東大作 二〇〇九『平和構築――アフガン、東ティモールの現場から』岩波新書。
ベンハビブ、セイラ 二〇〇六［2004］『他者の権利』向山恭一訳、法政大学出版局。
ミラー、デイヴィッド 二〇一一［2007］『国際正義とは何か』富沢克他訳、風行社。
最上敏樹 二〇〇一『人道的介入――正義の武力行使はあるか』岩波新書。
最上敏樹 二〇〇六『いま平和とは――人権と人道をめぐる9話』岩波新書。
米村幸太郎 二〇一〇「自然権なしに人権は存在し得るか――自然権理論のメタ倫理学的再構築」井上達夫編『人権論の再構築』〈講座 人権論の再定位5〉法律文化社、八九－一〇八頁。
リー・クアンユー 一九九三「人権外交は間違っている」『諸君』文芸春秋社、一四〇－一四九頁。
レーニン 一九五七［1917］『国家と革命』宇高基輔訳、岩波文庫。
ロールズ、ジョン 一九九八［1993］「万民の法」スティーヴン・シュート／スーザン・ハーリー編『人権について――オックスフォード・アムネスティ・レクチャーズ』中島吉弘・松田まゆみ訳、みすず書房、五一－一〇一頁。

第8章　これって僕らの責任？

大庭健 二〇〇五『「責任」ってなに？』講談社現代新書。
加藤尚武 一九九一『環境倫理学のすすめ』丸善ライブラリー。
小坂井敏明 二〇〇八『責任という虚構』東京大学出版会。

サンデル、マイケル 二〇一〇［2009］『これからの「正義」の話をしよう』鬼澤忍訳、早川書房。

シュレーダー＝フレチェット編 一九九三［1981、1991］『環境の倫理』（上）、京都生命倫理研究会訳、晃洋書房。

シンガー、ピーター 一九九一［1979］『実践の倫理』山内友三郎・塚崎智監訳、昭和堂。

ドブソン、A編著 一九九九［1991］『原典で読み解く環境思想入門』松尾眞・金克美・中尾ハジメ訳、ミネルヴァ書房。

ポッゲ、トマス 二〇一〇［2008］『なぜ遠くの貧しい人への義務があるのか』立岩真也監訳、生活書院。

ヨナス、ハンス 二〇〇〇［1979］『責任という原理』加藤尚武監訳、東信堂。

▩第9章 宗教って怖い？

阿満利麿 一九九六『日本人はなぜ無宗教なのか』ちくま新書。
伊勢田哲治 二〇〇三『疑似科学と科学の哲学』名古屋大学出版会。
井上達夫 一九九九『他者への自由――公共性の哲学としてのリベラリズム』創文社。
井上達夫 二〇〇三『普遍の再生』岩波書店。
ガットマン、エイミー編 一九九六［1994］『マルチカルチュラリズム』佐々木毅・辻康夫・向山恭一訳、岩波書店。
カント 二〇〇〇［1914］『たんなる理性の限界内の宗教』〈カント全集第一〇巻〉北岡武司訳、岩波書店。
カント 二〇〇二［1917］『諸学部の争い』〈カント全集第一八巻〉角忍・竹山重光訳、岩波書店。

キルケゴール　一九六二［1921］『おそれとおののき』〈キルケゴール著作集第五巻〉桝田啓三郎訳、白水社。
ゴーシェ、マルセル　二〇一〇［1998］『民主主義と宗教』伊達聖伸・藤田尚志訳、トランスビュー。
小杉泰　一九九四『イスラームとは何か——その宗教・社会・文化』講談社現代新書。
小原克博　二〇〇一「日本人の知らない〈政教分離〉の多様性——宗教との向き合い方は永遠の課題」『論座』二〇〇一年十月号、朝日新聞社、八四―九一頁（http://www.kohara.ac/essays/2001/09/ronza200110.html）。
サンデル、M・J　二〇〇九［1998］『リベラリズムと正義の限界』原著第二版、菊地理夫訳、勁草書房。
スウィフト、アダム／ムルホール、スティーヴン　二〇〇七［1992］『リベラル・コミュニタリアン論争』勁草書房。
テイラー、チャールズ　一九九四［1985］「アトミズム」『現代思想』一九九四年四月号、田中智彦訳、青土社、一九三―二一五頁。
テイラー、チャールズ　二〇〇四［1991］『〈ほんもの〉という倫理——近代とその不安』田中智彦訳、産業図書。
ドーキンス、リチャード　二〇〇七［2006］『神は妄想である——宗教との決別』垂水雄二訳、早川書房。
内藤正典・阪口正二郎編　二〇〇七『神の法vs.人の法——スカーフ論争からみる西欧とイスラームの断層』日本評論社。
村上春樹　一九九九『アンダーグラウンド』講談社文庫。
森孝一　一九九六『宗教からよむ「アメリカ」』講談社選書メチエ。

森達也　二〇〇二『「A」マスコミが報道しなかったオウムの素顔』角川文庫。
森達也　二〇一〇『A3』集英社インターナショナル。
リフトン、ロバート・J　二〇〇〇〔1999〕『終末と救済の幻想――オウム真理教とは何か』渡辺学訳、岩波書店。
レッシング　一九五八〔1911〕『賢人ナータン』篠田英雄訳、岩波文庫。
レモン、ルネ　二〇一〇〔2005〕『政教分離を問いなおす――EUとムスリムのはざまで』工藤庸子・伊達聖伸訳・解説、青土社。
ロールズ、ジョン　二〇一〇〔1999〕『正義論　改訂版』川本隆史・福間聡・神島裕子訳、紀伊国屋書店。

あとがき

私たち執筆者は、哲学や倫理学など、思想に関わる学問を初学者に教えることを仕事の一つとしている。日々痛感してきたのは、学生にこのような学問の意義や面白さを少しでも理解してもらうために、身近でなじみのある具体的事例を通して教えることの大切さである。

本書のコンセプトの根底にはその思いがある。具体的な社会問題から始めて、そこにある倫理的価値の問題を取り出す。著名な思想家やその学説の知識は前面に出さず、執筆者自身が自分の頭で考えていく手助けとして言及したり、背景に想定したりするにとどめる。そうすることで読者を倫理学的思考にいざなうことができれば。このように考えて本書を企画した。

企画が立ち上がった当時、このコンセプトを後押ししてくれるある現象があった。政治哲学者マイケル・サンデルのハーバード大学での講義がＮＨＫで放送されて人気を博し、ちょっとしたブームが起きていたのだ。哲学や倫理学が世間の注目を集めることなんてまずない。それだけに私たちにとっても興味深く、元気を与えてくれる現象だった。身近な社会的事象が含んでいる倫理的価値の問題にひとたび気づけば、多くの人がそれを考えることに意義を見出し、議論を楽しむことができる。サンデルブームは改めてそのことを実感させてくれた。そして、本書の企画に自信も与えてくれた。

本書の内容の検討にはかなり時間をかけた。執筆者による半日がかりの検討会を十五回ほど行ない、ウェブ会議も何度も行なった。できるだけアイデアがあり、しかも読者に分かりやすく伝えることについて妥協のないものをと思い、細かい表現についても議論を重ねた。

その努力が成果に結びついているかどうかは、読者の判断に委ねるしかない。ただ、「まえがき」で述べたことに重なるが、読者には次のことを少しでも実感してもらえれば幸いである。人は倫理的価値判断をたっぷり含んだ制度と慣習の下で育ち、そのなかで日常を営んでいる。そして倫理的価値判断に基づき自分の行為や生き方を決定している。つまり、人は倫理的思想のなかで生まれ、育ち、生きている。倫理学を学ぶとは、私たちの生きる思想を批判し、また構築するための思考法を学ぶことだ。倫理学によって、私たちは生き方のさまざまな可能性を見出すことができる。少し視野の広い賢者になれる。そして自分の生とこの世の中を変えていくこともできるのだ。

本書をつくるきっかけは、ナカニシヤ出版にいらっしゃった津久井輝夫さんが、倫理学の初学者向けの本を書いてみないかと編者二人を誘ってくださったことにある。当時福岡で非常勤講師をしていた若造（といっても中年にさしかかっていた）二人にこのようなチャンスを与えてくださった津久井さんには、感謝の言葉もない。今回の本でも、具体的な諸問題を自分の頭で考え抜き、一般読者に思想を分かりやすく伝える訓練をさせていただいた。執筆者を代表して、重ねてお礼申し上げたい。また、津久井さんとともに、そして津久井さんがご退職された後は中心となって私たちを導いてくださったナカニシヤ出版の石崎雄高さんにも心より感謝申し上げたい。

最後に編者二人の個人的な謝辞をお許しいただきたい。私たちがこのような本を出版できるその基盤には、学生のときから私たちをご指導くださり、刺激し、支えてくださった恩師の先生方と先輩方の存在がある。先生方の教え、先輩方との議論が、私たちの思考を鍛えてくださった。この機会に感謝の意をお伝えしたい。

そして日々私たちをサポートし、本のタイトルについても一緒に悩んでくれた家族に多謝。まずは彼女たちとこの本の上梓を祝おうと思う。

二〇一三年一月

新名隆志
林　大悟

マ　行

ヤ　行

ラ・ワ　行

サ　行

索　引

ア　行

カ　行

の生命倫理学』〔共著〕(ナカニシヤ出版，2009年)，他。
〔**担当**〕 第4章

寺田篤史(てらだ・あつし)
1981年生まれ。九州大学大学院人文科学府博士課程単位取得退学。哲学・倫理学専攻。徳山大学経済学部特任講師。『考えよう！生と死のこと』〔共著〕(木星舎，2016年)，「倫理学教育におけるアクティブ・ラーニング型授業の実践」(『徳山大学総合研究所紀要』第39号，2017年)，スティーブン・ロー『ビジュアルではじめてわかる哲学』〔共訳〕(東京書籍，2014年)，他。
〔**担当**〕 第6章

中本幹生(なかもと・みきお)
1969年生まれ。九州大学大学院文学研究科博士課程単位取得退学。哲学・倫理学専攻。宮崎産業大学法学部教授。『よく生き、よく死ぬ、ための生命倫理学』〔共著〕(ナカニシヤ出版，2009年)，『諸宗教の倫理学』〈第2巻 労働の倫理〉〔共訳〕(九州大学出版会，2006年)，「ショーペンハウアー美学におけるカントとプラトン」(『倫理学年報』第49集，2000年)，他。
〔**担当**〕 第8章

竹内綱史(たけうち・つなふみ)
1977年生まれ。京都大学大学院文学研究科博士課程単位取得退学。博士（文学)。宗教哲学専攻。龍谷大学経営学部准教授。『宗教学事典』〔共著〕(丸善出版，2010年)，『西洋哲学の10冊』〔共著〕(岩波ジュニア新書，2009年)，『ディアロゴス』〔共著〕(晃洋書房，2007年)，他。
〔**担当**〕 第9章

▒執筆者紹介（執筆順，＊印は編者）

＊新名隆志（にいな・たかし）

1972年生まれ。九州大学大学院文学研究科博士課程単位取得退学。哲学・倫理学専攻。鹿児島大学学術研究院法文教育学域教育学系准教授。『よく生き、よく死ぬ、ための生命倫理学』〔共著〕（ナカニシヤ出版，2009年），「ポジティブ・アクションの欠如は差別である――実質的機会平等の実現としてのポジティブ・アクションの正当化」（『西日本哲学年報』第23号，2015年），「遊戯とユーモア――ニーチェの幸福論と現代心理学」（『哲学論文集』第50輯，2014年），他。

〔**担当**〕 まえがき，第１章，第７章，あとがき

＊林　大悟（はやし・だいご）

1973年生まれ。九州大学大学院人文科学府博士課程単位取得退学。哲学・倫理学専攻。玉川大学文学部准教授。『これからのウィトゲンシュタイン――刷新と応用のための14篇』〔共著〕（リベルタス出版，2016年），『改訂版 いのちを学ぶ』〔共著〕（木星舎，2011年），『よく生き、よく死ぬ、ための生命倫理学』〔共著〕（ナカニシヤ出版，2009年），他。

〔**担当**〕 まえがき，第２章，第５章，あとがき

野見山待子（のみやま・まちこ）

1968年生まれ。九州大学大学院文学研究科博士課程単位取得退学。哲学・倫理学専攻。九州共立大学経済学部非常勤講師。『はじめて学ぶ社会学』〔共著〕（ミネルヴァ書房，2007年），『はじめて学ぶ西洋思想史』〔共著〕（ミネルヴァ書房，2005年），「『新エロイーズ』における人間と市民」（『哲学論文集』第39輯，九州大学哲学会，2003年），他。

〔**担当**〕 第３章

脇　崇晴（わき・たかはる）

1979年生まれ。九州大学人文科学府博士課程後期課程修了。博士（文学）。倫理学・日本思想史専攻。西南学院大学非常勤講師。『清沢満之の浄土教思想』（木星舎，2017年），『考えよう！生と死のこと』〔共著〕（木星舎，2016年），『よく生き、よく死ぬ、ため

エシックス・センス
——倫理学の目を開け——

2013年4月26日　初版第1刷発行
2021年5月13日　初版第4刷発行

編　者　新　名　隆　志
　　　　林　　　大　悟

発行者　中　西　　　良

発行所　株式会社 ナカニシヤ出版
〒606-8161　京都市左京区一乗寺木ノ本町15
TEL (075) 723-0111
FAX (075) 723-0095
http://www.nakanishiya.co.jp/

印刷・製本／シナノ書籍印刷
＊落丁本・乱丁本はお取り替え致します。
ISBN978-4-7795-0726-7　Printed in Japan

よく生き、よく死ぬ、ための生命倫理学

篠原駿一郎・石橋孝明 編

よき生の仕上げとなる「よき死」を意識し、よく生きることとの意味を問い直し、現代医療の諸問題を検討する。より実り多い生命倫理学への可能性を拓く入門書。二五〇〇円＋税

いのちの倫理

大庭　健

生きることを「プロジェクト」と捉える現代人の人生観が私たちのいのちを軽視する。その認識の歪みを批判し今あるべき倫理を問う、著者渾身の書き下ろし。二二〇〇円＋税

若者のための〈死〉の倫理学

三谷尚澄

ボードレール、ニーチェ、森鷗外ら先人の苦悩から、ライトノベルに読み取れる若者の日常の苦悩までを題材に、生の苦しみの本質を究明し再生の道を探る。二四〇〇円＋税

文脈としての規範倫理学

田中朋弘

義務論・功利主義・徳倫理学など、規範倫理学の主な理論を解説し、その相互関係を文脈として捉える。行動や道徳の「正しさ」を哲学的に考えるための道案内。二四〇〇円＋税

倫理学という構え
―応用倫理学原論―

奥田太郎

倫理学を学ぶための知的態度（構え）とはどんなものか。メタ倫理学・規範倫理学・応用倫理学という枠を自在に越えながら「倫理学とは何か」を探究する。二五〇〇円＋税

表示は二〇二一年五月現在の価格です。